P. P. Bothner
W.-M. Kähler

Einführung in die
Programmiersprache APL

Peter P. Bothner
Wolf-Michael Kähler

Einführung in die Programmiersprache APL

Springer Fachmedien Wiesbaden GmbH

ISBN 978-3-528-04692-7   ISBN 978-3-663-14161-7 (eBook)
DOI 10.1007/978-3-663-14161-7

Vorwort

APL (*A Programming Language*) ist eine dialogorientierte Programmiersprache, die sowohl im technisch-wissenschaftlichen als auch im kommerziell-administrativen Bereich eingesetzt wird. Der Vorteil gegenüber anderen Programmiersprachen wie z.B. PASCAL, FORTRAN, COBOL und BASIC besteht darin, daß Strukturen wie etwa Vektoren und Matrizen sich mit Hilfe von APL-Operatoren verknüpfen lassen, wobei die Strukturen selbst — und nicht ihre Komponenten — die Operanden sind. Somit können — auch bei komplexen Problemstellungen — kleine und übersichtliche Programme als Lösungen entwickelt werden.

Die dialogorientierte Arbeitsweise und die wenigen Regeln zur Beschreibung der Syntax von APL erlauben einen einfachen Zugang und ein Lernen durch Experimentieren, so daß auch Anfänger schon nach kurzer Zeit in der Lage sind, selbständig Problemlösungen zu entwickeln und zur Ausführung zu bringen.

APL steht sowohl auf Großrechnern als auch auf Mikrocomputern zur Verfügung. Die Standardisierung der Sprache und die einheitliche Sprachumgebung gewährleisten eine weitestgehende Übertragbarkeit eines APL-Programms von einer Datenverarbeitungsanlage auf eine andere.

In Verbindung mit der Programmiersprache APL steht stets ein System von Dienstprogrammen zur Verfügung, so daß von einem "APL-System" gesprochen wird. Im Zuge der Dezentralisierung von Rechenkapazität sind in den letzten Jahren APL-Systeme entwickelt worden, die mit Hilfe von Hilfsprozessoren das gesamte Leistungsspektrum eines Mikrocomputers zur Verfügung stellen. Dem daraus resultierenden verstärkten Interesse am Einsatz von APL auf Mikrocomputern soll dieses Buch Rechnung tragen.

Wir orientieren diese Einführung an dem APL-System "APL/PC Version 2" der Firma IBM, das auf IBM bzw. dazu kompatiblen Mikrocomputern unter dem Betriebssystem MS-DOS (ab Version 2.0) lauffähig ist.

Es wird eine problembezogene Einführung gegeben, die sich an einfachen Beispielen orientiert. Die wichtigsten Operatoren werden immer dann vorgestellt, wenn sie zur Lösung einer Aufgabenstellung erforderlich sind — erst im Anhang wird eine summarische Beschreibung gegeben. Bei einem nicht linearen Programmablauf geben wir Problemlösungen zunächst durch Struktogramme an, die wir anschließend in übersichtliche APL- Programme umformen.

Die Darstellung ist so gehalten, daß keine Kenntnisse aus dem Bereich der Elektronischen Datenverarbeitung vorausgesetzt werden. Das Buch ist sowohl als Begleitlektüre für Lehrveranstaltungen als auch zum Selbststudium zu empfehlen.

Wir danken Herrn Prof. Dr. Lamprecht für die Anregung zu diesem Manuskript. Herrn L. Meyer-Lerbs danken wir für die kritische Durchsicht und die zahlreichen Verbesserungsvorschläge.

Bremen, im August 1988 Peter P. Bothner und Wolf-Michael Kähler

Inhaltsverzeichnis

Kapitel 1

Start des APL-Systems

Aufgabenstellung

Um eine Einführung in die Leistungsfähigkeit der Programmiersprache APL zu geben, wählen wir als einfaches Anwendungsbeispiel eine Lagerbestandsführung. Es sollen Artikelbestände gespeichert, Zu- und Abgänge vermerkt und der Warenwert berechnet werden. Dies soll *interaktiv* im Dialog, d.h. im Wechselspiel zwischen Eingabe und Ausführung einer Anforderung, mit dem APL-System "APL/PC Version 2" der Firma IBM (im folgenden kurz "APL-System" genannt) geschehen. Bevor wir lernen, in welcher Form wir unsere Anforderungen an das APL-System stellen können, geben wir eine kurze Beschreibung der Hilfsmittel, die für den Einsatz des APL-Systems erforderlich sind.

Mikrocomputer

Voraussetzung für den Einsatz des APL-Systems ist ein geeignet ausgerüsteter Mikrocomputer — auch Personalcomputer (PC) genannt, — der sich — vereinfacht dargestellt — aus folgenden Bausteinen zusammensetzt:

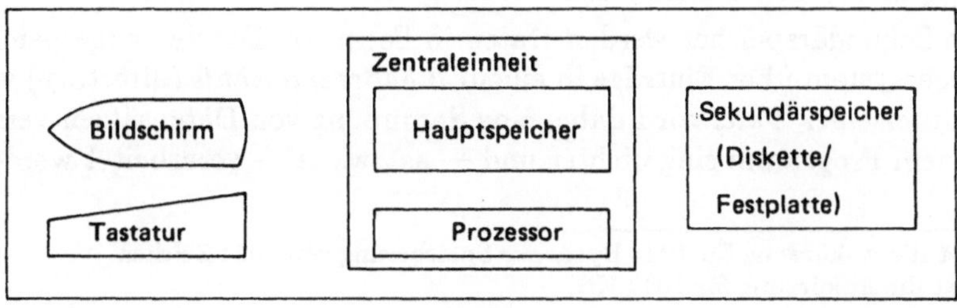

Ein *Mikrocomputer* ist ein selbständiges Datenverarbeitungssystem, das sich von einem Großrechnersystem nicht im Aufbau und in der Wirkungsweise, sondern nur im Hinblick auf die Speicherkapazität und die Verarbeitungsgeschwindigkeit unterscheidet. Die räumlichen Ausmaße des Mikrocomputers erlauben den unmittelbaren Einsatz am Arbeitsplatz. Der Kern des Systems ist die Zentraleinheit, die aus dem Hauptspeicher — dem zentralen Gedächtnis — und dem Prozessor zur Ausführung von Befehlen eines im Hauptspeicher enthaltenen Programms besteht. Zur Eingabe von Daten ist eine *Tastatur* und zur Datenausgabe ein *Bildschirm* an die Zentraleinheit angeschlossen.

Für das APL-System ist ein Mikrocomputer der Firma IBM bzw. ein dazu kompatibler Mikrocomputer mit mindestens 192 KB[1] Hauptspeicher, einem Diskettenlaufwerk und einer Festplatte als Sekundärspeicher erforderlich. Damit unterschieden werden kann, welches der beiden Laufwerke für den Zugriff ausgewählt werden soll, wird das Diskettenlaufwerk durch die Angabe "A:" und die Festplatte durch "C:" gekennzeichnet.

Sekundärspeicher

Die *Diskette* ist ein Datenträger, bei dem die zu speichernde Information auf einer magnetisch beschichteten Kunststoffplatte aufgezeichnet wird. Zum Schutz gegen Verschmutzung und mechanische Beschädigung befindet sich die Platte in einer Plastikhülle, in der sie auch während der Benutzung im Diskettenlaufwerk verbleibt. Die Daten werden auf konzentrischen Spuren (tracks) — üblicherweise 40 bei einer 5 1/4-Zoll-Diskette — aufgezeichnet. Jede Spur ist in 9 Sektoren unterteilt, die jeweils 512 Zeichen — bei standardmäßiger Aufzeichnungsdichte (double density) — aufnehmen können, so daß die Speicherkapazität einer beidseitig beschreibbaren (2-sided) Diskette 360 KB beträgt.

Eine *Festplatte* besteht aus mehreren übereinandergelagerten, auf einer Achse zusammengefaßten dünnen Plattenscheiben, die mit einer magnetisierbaren Schicht versehen sind. Genau wie bei der Diskette sind diese Scheiben in konzentrische Spuren gegliedert, die wiederum in Sektoren aufgeteilt sind. Im Gegensatz zur Diskette ist die Speicherkapazität einer Festplatte beträchtlich größer. Gegenwärtig sind Kapazitäten von 20 bis 40 MB[2] üblich.

Disketten- und Festplattenspeicher gehören zu den sog. zyklischen Speichern, bei denen das Speichermedium unter den Schreib-Leseköpfen rotiert, so daß nach einer Umdrehung derselbe Speicherbereich wieder gelesen oder beschrieben werden kann.

Auf einem Sekundärspeicher werden Daten in Form von Dateien abgespeichert, die vom Betriebssystem über Einträge in einem *Inhaltsverzeichnis* (directory) verwaltet werden. Unter einer *Datei* wird dabei eine Sammlung von Datensätzen verstanden, die von einem Programm eingerichtet und — satzweise — verarbeitet werden kann.

---

[1] 1 KB ist die Abkürzung für 1024 Bytes zur Speicherung von 1024 Zeichen.
[2] 1 MB ist die Abkürzung für 1024 KB.

Tastatur

Über die *Tastatur* werden Daten an das jeweils in der Zentraleinheit ablaufende Programm übermittelt. Für den Mikrocomputer IBM-PC ist die (internationale) Tastatur[3] wie folgt gegliedert:

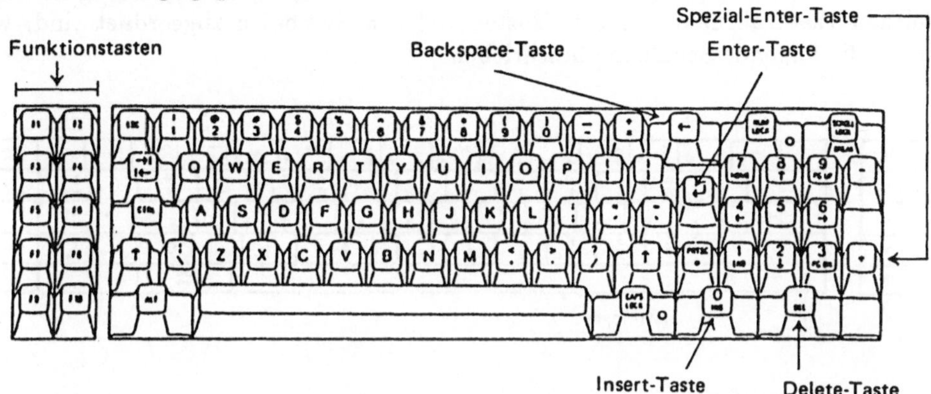

Neben den von der Schreibmaschinen-Tastatur her bekannten Zeichentasten enthält die Tastatur eines Mikrocomputers mehrere Spezialtasten (zum Auslösen spezieller Aktionen) und Tasten zur Positionierung des Cursors — einer Schreibmarke auf dem Bildschirm, welche die aktuelle Bildschirmposition anzeigt und als (blinkendes) Unterstreichungszeichen oder als helles Rechteck erscheint. Der Cursor läßt sich mit Hilfe der *Cursor*-Positionierungstasten — Cursor-Links, Cursor-Rechts, Cursor-Hoch und Cursor-Tief — an jede gewünschte Bildschirmposition bewegen.

Als Beispiele für wichtige Spezialtasten führen wir an dieser Stelle die Enter-Taste, die Backspace-Taste, die Delete-Taste und die Insert-Taste an.

Durch Betätigen der *Enter-Taste* bzw. der *Spezial-Enter-Taste* (mit der Aufschrift "+") wird eine unmittelbar vorausgehende Daten-Eingabe abgeschlossen, so daß die über die Tastatur eingegebenen und auf dem Bildschirm angezeigten Zeichen dem ablaufenden Programm übermittelt werden.

Durch Drücken der *Backspace-Taste* wird das zuletzt eingegebene (fehlerhafte) Zeichen nicht an das APL-System übertragen. Das bereits auf dem Bildschirm angezeigte Zeichen wird gelöscht und die aktuelle Cursorposition wird um eine Stelle nach links (an die Position des gelöschten Zeichens) zurückgesetzt.

Mit der *Delete-Taste* läßt sich das Zeichen an der aktuellen Cursorposition löschen, und die *Insert-Taste* ermöglicht das Einfügen von Zeichen an der aktuellen Cursorposition (durch erneutes Drücken dieser Taste wird das Einfügen beendet).

---

[3] Bei der deutschen Tastatur liegen u.a. Änderungen an den Zeichenpositionen "Z", "Y" und "[", "]" vor.

APL-Tastatur

Für den Dialog mit dem APL-System sind die meisten Tasten zusätzlich mit speziellen Symbolen belegt, zu denen unter anderem die APL-Operatoren zur Verknüpfung von Werten zählen. Die Eingabe dieser Spezialzeichen läßt sich durch den Druck auf die *Shift-Taste* (⇧) (und evtl. auch auf die *Alt-Taste*) in Verbindung mit einer Zeichen-Taste abrufen. Welche Tasten welchen Symbolen zugeordnet sind, wird durch die folgende Schablone beschrieben:

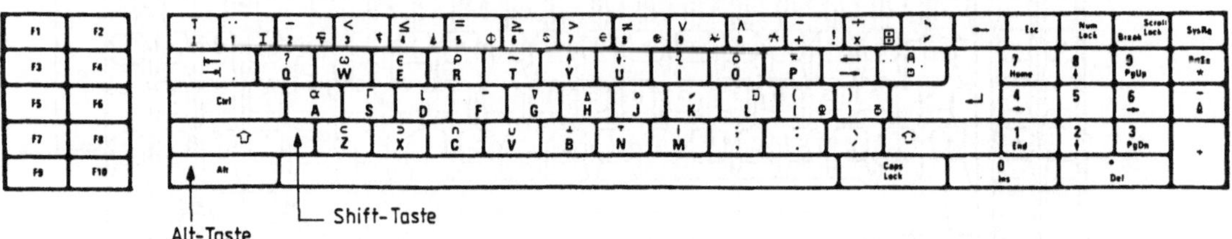

Diese Schablone legt fest, daß sich ein jeweils unten bzw. unten links auf einer Schablonen-Taste angegebenes Zeichen durch den Druck der korrespondierenden Tastatur-Taste übertragen läßt. Soll dagegen ein auf einer *Schablonen-Taste* oben angegebenes Zeichen eingegeben werden, so ist die korrespondierende Taste bei gleichzeitig gedrückter Shift-Taste "⇧" zu betätigen. Für die Eingabe eines auf einer Schablonen-Taste rechts unten angegebenen Zeichens bzw. eines Kleinbuchstabens ist die korrespondierende Taste in Verbindung mit gleichzeitig festgehaltener *Shift-* und *Alt-Taste* zu drücken.

Zur Eingabe etwa der Zeichenfolge

)OFF

mit dem Symbol ")" ist gemäß der Tastatur-Schablone zunächst die Shift-Taste in Verbindung mit der Taste zu betätigen auf der die Zeichen "]" (unten) und ")" (oben) angegeben sind. Anschließend sind — in gewohnter Weise — die Tasten mit den Zeichen "O", "F" und "F" zu drücken.

Betriebssystem

Für das APL-System wird das Betriebssystem MS-DOS in der Version 2.0 oder einer höheren Versionsnummer vorausgesetzt. Dabei wird unter einem *Betriebssystem* eine Sammlung von Programmen verstanden, die den Mikrocomputer zur Ausführung bestimmter Grundfunktionen — wie etwa zur Steuerung des sinnvollen Zusammenwirkens von Prozessor, Hauptspeicher, Bildschirm, Tastatur und

Sekundärspeicher — befähigt und damit überhaupt erst für den Anwender nutzbar macht. Ein Steuerprogramm des Betriebssystems nimmt Anforderungen des Anwenders, die als *Kommandos* formuliert sein müssen, entgegen und bringt die dadurch angeforderten Programme zur Ausführung. Für das folgende setzen wir voraus, daß das Betriebssystem zusammen mit dem APL-System auf der Festplatte installiert ist.

Der Mikrocomputer wird durch Betätigung des Netzschalters in Betrieb gesetzt. Nach dem Aufbau der Verbindungen aller Rechnerkomponenten meldet das System seine Bereitschaft zur Entgegennahme eines Kommandos durch das Anzeigen der *Systemanfrage* (Systemprompt)

```
C>
```

auf dem Bildschirm. Für die Ablage der einzurichtenden Dateien und weiterer Arbeitsdateien sehen wir eine *Daten-Diskette* im Laufwerk "A:" vor, die wir nach dem Start des Betriebssystems und der Bildschirmausgabe "C>" in das Diskettenlaufwerk einlegen.

Formatieren einer Diskette

Bevor wir eine unbenutzte (neue) Daten-Diskette zum ersten Mal als Datenträger einsetzen können, muß sie durch eine *Formatierung* für die Datenaufnahme vorbereitet werden.

Dadurch wird das Aufzeichnungsformat für die Datenablage festgelegt. Ein erneutes Formatieren zu einem späteren Zeitpunkt bewirkt die Löschung aller bereits auf dieser Diskette abgespeicherten Daten. Wir lassen eine Formatierung durch das unter MS-DOS vorhandene Formatierungsprogramm vornehmen, das wir durch die Eingabe von

```
C>FORMAT A: <Enter>
```

zur Ausführung bringen. Durch die Betätigung der Enter-Taste — im folgenden Text durch "<Enter>" gekennzeichnet — übermitteln wir diese Eingabe dem Formatierungsprogramm, das daraufhin die folgende (oder eine ähnliche) Meldung auf dem Bildschirm ausgibt:

```
Neue Diskette in Laufwerk A: einlegen
Wenn bereit, EINGABE betätigen
```

Nach dem Drücken der Enter-Taste leuchtet die Kontrollampe am Laufwerk "A:" auf, und es werden Kenninformationen (für die Ansteuerung der Sektoren bei späteren Disketten-Zugriffen) auf die Diskette im Laufwerk "A:" übertragen. Anschließend wird nachgefragt, ob noch eine weitere Diskette zu formatieren ist. Diese Anfrage wird durch Drücken der Taste mit dem Buchstaben "N" und <Enter> beantwortet, so daß damit die Formatierung der Daten-Diskette abgeschlossen ist.

Katalogisierung einer Datei

Alle auf einem Sekundärspeicher eingetragenen Dateien werden vom Betriebssystem
über Inhaltsverzeichnisse in Form eines Hauptverzeichnisses bzw. eines oder mehrerer diesem untergeordneter Unterverzeichnisse verwaltet. Jede neu eingerichtete
Datei wird in einem Verzeichnis *katalogisiert*, d.h. es wird der Dateiname zusammen
mit den Sektornummern, in denen die Datensätze dieser Datei abgespeichert sind,
eingetragen.

Zur *Katalogisierung* einer Datei auf einem Sekundärspeicher müssen wir einen Da-
teinamen angeben. Dieser Name kann unter Berücksichtigung der Namenskonvention

$$bis\_zu\_8\_zeichen\_langer\_grundname \quad . \quad bis\_zu\_3\_zeichen\_lange\_ergänzung$$

frei gewählt werden, d.h. jeder *Dateiname* besteht aus einem *Grundnamen*, dem
eine durch einen Punkt "." abgetrennte *Ergänzung* folgen darf. Im Grundnamen
und in der Ergänzung sollten nur Buchstaben und Ziffern verwendet werden. Zur
Kennzeichnung des Laufwerks, auf das die Datei zu übertragen ist, muß dem Da-
teinamen eine *Laufwerkskennzeichnung* in der Form "A:" oder "C:" vorangestellt
werden. Sofern die Datei auf dem innerhalb der Systemanfrage angegebenen Laufwerk eingerichtet werden soll (in unserem Fall ist dies das Laufwerk "C:"), kann auf
die Angabe der Laufwerksbezeichnung verzichtet werden.

Start des APL-Systems

Nach dem Start des Betriebssystems und dem Einlegen einer formatierten Daten-
Diskette im Laufwerk "A:" rufen wir das APL- System auf. Dazu geben wir zunächst
das CD-Kommando

    C>CD APL <Enter>

zur Einstellung des Unterverzeichnisses APL und anschließend das *Start-Kommando*

    C>APL <Enter>

ein. Wir unterstellen dabei, daß das APL-System im Unterverzeichnis APL auf der
Festplatte installiert ist. Nach der Eingabe des Start-Kommandos meldet sich das

APL-System mit der Ausgabe des folgenden Bildschirminhalts:

Jetzt kann der Dialog mit dem APL-System geführt werden. Dazu sind Anforderungen[4] über die Tastatur einzugeben, die durch Bildschirmausgaben des APL-Systems quittiert werden.

Abschluß des APL-Dialogs

Soll der Dialog beendet werden, so ist die Anforderung

```
)OFF <Enter>
```

einzugeben. Daraufhin wird die Meldung

```
C>
```

auf dem Bildschirm ausgegeben, so daß das nächste Kommando an das Betriebssystem gerichtet werden kann.

---

[4] Siehe die nachfolgenden Kapitel.

Kapitel 2

Das Arbeiten im Taschenrechnermodus

Eingabe einer Anforderung

Als Einstieg in das Arbeiten mit dem APL-System wollen wir zunächst Anforderungen stellen, wie wir es von einem Taschenrechner her gewohnt sind. Die Tastatur und der Bildschirm des Mikrocomputers übernehmen dabei die Funktion der Tasten und des Sichtfensters eines Taschenrechners. Das APL-System arbeitet *interaktiv*, d.h. nach der Eingabe einer Anforderung wird diese zunächst ausgeführt, bevor die nächste Anforderung gestellt werden kann.

Soll etwa der Gesamtpreis von 10 Artikeln mit einem Endpreis von 50,20 DM ermittelt werden, so geben wir die *APL-Anforderung*

        10 × 50.20 <Enter>

über die Tastatur ein. Wir verwenden das Zeichen "×" zur Kennzeichnung der Multiplikation und setzen den *Dezimalpunkt* "." innerhalb des Werts "50.20" anstelle des im deutschen Sprachraum üblichen Dezimalkommas. Damit die Multiplikation vom APL-System durchgeführt wird, schließen wir diese Anforderung durch die Enter-Taste ab.[1] Daraufhin wird die APL-Anforderung am Bildschirmende erneut ausgegeben. In die nächste Bildschirmzeile protokolliert das APL-System den Ergebniswert, so daß die letzten drei Bildschirmzeilen die folgenden Daten enthalten:

        10 × 50.20
502
        _<- Cursorposition

Die Ausgabe des Ergebniswerts "502" erfolgt an der 1. Zeichenposition. Im Anschluß an diese APL-Ausgabe erscheint der Cursor in Zeichenposition 7 der nächsten

---

[1]Fortan verzichten wir auf den Hinweis, daß eine Anforderung an das APL-System durch die Enter-Taste abgeschickt werden muß.

Bildschirmzeile. Ab dieser Zeichenposition kann die nächste APL-Anforderung eingegeben werden.

Bei der Bildschirmausgabe des APL-Systems wird der Bildschirminhalt jeweils um eine oder mehrere Zeilen nach oben verschoben (scrolling), so daß die ursprünglich am Bildschirmanfang angezeigten Zeilen nicht mehr sichtbar sind und am Bildschirmende eine neue Zeile zur Eingabe einer APL-Anforderung zur Verfügung gestellt wird. Soll die standardmäßig durchgeführte Protokollierung der APL-Anforderung unterbleiben, so müssen wir anstelle der Enter-Taste die *Spezial-Enter-Taste* "+" zum Absenden unserer Anforderung betätigen.

Korrektur von Eingabefehlern

Haben wir uns bei der Dateneingabe versehen und z.B. anstelle von "10 × 50.20" die Zeichenfolge "10 × 50:20" eingegeben (wir haben bei der Eingabe des Dezimalpunkts fälschlicherweise die Shift-Taste betätigt), so wird dies vom APL-System mit der Fehlermeldung

```
    10 × 50:20
SYNTAX ERROR
    10 × 50:20
          ^ <- Cursorposition
```

quittiert. Zur *Korrektur* bewegen wir den Cursor mit Hilfe der Positionierungstasten auf die Position des Doppelpunkts ":" und drücken die Dezimalpunkt-Taste ".". Ohne den Cursor zuvor hinter die APL-Anforderung zu positionieren, betätigen wir anschließend die Enter-Taste. Wir erhalten den oben angegebenen Ergebniswert "502" angezeigt.

Grundsätzlich wird diejenige Bildschirmzeile zur *aktuellen Anforderungszeile*, in welcher der Cursor plaziert ist, d.h. die Zeile mit der aktuellen APL-Anforderung. Zur zeichenweisen Korrektur innerhalb der aktuellen Anforderungszeile lassen sich die Backspace-Taste, die Delete-Taste und die Insert-Taste verwenden.

Dyadische und monadische Operatoren

Die Rechenvorschrift "10 × 50.20" ist ein Beispiel für einen *arithmetischen Ausdruck*, d.h. eine Aneinanderreihung von Operanden und Operatoren, die eine Rechenoperation festlegen. Da der Operator "×" auf die *beiden* Operanden "10" und "50.20" wirkt, sprechen wir von einem *dyadischen Operator*. Für die Addition, die Subtraktion und die Division werden die Zeichen "+", "−" und "÷" (in dieser Reihenfolge) als dyadische Operatoren verwendet. Die Betonung auf "dyadisch" ist deswegen von Bedeutung, weil diese Operatorsymbole in APL zusätzlich auch als *monadische Operatoren* eingesetzt werden dürfen. So läßt sich etwa der Operator "−" als monadischer Operator verwenden, wenn zu einer Zahl deren negativer Wert ermittelt werden soll. Bei einer monadischen Operation steht der Operator nicht mehr zwischen zwei Operanden, sondern *vor* dem Operanden, auf den er wirken soll.

Zum Beispiel ergibt die Anwendung des monadischen Subtraktions-Operators auf die Zahl 10 in der Form "−10" den Ergebniswert "⁻10 ". Dabei ist zu beachten, daß das *negative Vorzeichen* einer Zahl durch das hochgestellte Minuszeichen "⁻" gekennzeichnet wird und *nicht* mit dem Operationszeichen "−" der Subtraktion übereinstimmt.

Abkürzende Beschreibung einer APL-Anforderung (APL-Anweisung)

Sollen für mehrere Artikel deren Preise mit dem jeweils vorhandenen Lagerbestand multipliziert werden — etwa 10 × 50.20, 20 × 100.50, 5 × 10.20 und 2 × 80.50 —, so können wir diese vier APL-Anforderungen nacheinander ausführen lassen oder aber kurz als eine Anforderung der Form[2]

        10 20 5 2 × 50.2 100.5 10.2 80.5

eingeben. In diesem Fall (dies gilt auch für die dyadischen Operatoren "+", "−" und "÷") *reihen* wir die Operanden vor und hinter dem Operator so auf, daß Paare von Operanden gemäß ihrer Position innerhalb der beiden Reihungen miteinander korrespondieren. Wichtig ist, daß beide Reihungen gleichviel Elemente enthalten und daß jeweils zwei Zahlen durch mindestens ein Leerzeichen voneinander getrennt sind. Nach dem Absenden der APL-Anforderung erhalten wir die folgende Bildschirmausgabe:

        10 20 5 2 × 50.2 100.5 10.2 80.5
502 2010 51 161
        _<- Cursorposition

Die vier Multiplikationsergebnisse werden somit nebeneinander innerhalb einer Bildschirmzeile protokolliert, wobei die einzelnen Werte durch jeweils ein Leerzeichen voneinander getrennt sind. Entsprechend lassen sich auch mehrere Additionen ("+"), Subtraktionen ("−") und Divisionen ("÷") zusammenfassend beschreiben. Sind links bzw. rechts vom Operationszeichen stets die gleichen Operanden aufgeführt, so läßt sich eine derartige Anforderung durch die Angabe eines einzigen Operanden abkürzen.

So können wir etwa anstelle von

        5 5 5 5 × 50.2 100.5 10.2 80.5

kurz

        5 × 50.2 100.5 10.2 80.5

---

[2]Bei der Dateneingabe können redundante Nullen hinter dem Dezimalpunkt weggelassen werden. Bei der Datenausgabe werden redundante Nullen ebenfalls nicht angezeigt.

schreiben, was wegen der Vertauschbarkeit der Multiplikations-Operanden gleichbedeutend mit der Anforderung

50.2 100.5 10.2 80.5 × 5

ist.

Eine Anforderung, die das APL-System anweist, auf Werten zu operieren, d.h. z.B. mit Werten zu rechnen, Werte ein- oder auszugeben oder zu vergleichen, nennen wir fortan *"APL-Anweisung"* oder kurz *"Anweisung"*[3].

Soll nach der Ausführung der oben angegebenen APL-Anweisung anschließend der Gesamtwert aller vier Artikelbestände ermittelt werden, so sind die erhaltenen Ergebnisse zu addieren. Wir formulieren somit die Anweisung

502 + 2010 + 51 + 161

und erhalten

2724

als Ergebnis protokolliert.

Einsatz des Reduktions-Operators "/"

Die Anweisung

502 + 2010 + 51 + 161

läßt sich durch den Einsatz des *Reduktions-Operators* "/" (reduction) in der Form

+/ 502 2010 51 161

abkürzen. Somit sind die Operanden zu reihen, und die *Reihung* ist durch den Schrägstrich "/" in Verbindung mit dem Plus-Operator "+" in der Form "+/" einzuleiten. Zur Abkürzung von mehreren Subtraktionen, Multiplikationen und Divisionen darf vor dem Schrägstrich "/" anstelle von "+" auch "−", "×" bzw. "÷" verwendet werden. Der Schrägstrich bewirkt, daß alle Operanden gemäß dem davor stehenden Operationszeichen verknüpft werden. Dabei ist bei der Verwendung von mehreren Minuszeichen bzw. Divisionszeichen die *Auswertungsreihenfolge* zu beachten.

Auswertungsreihenfolge

Falls in einem arithmetischen Ausdruck mehr als ein Operator auftritt, muß die Auswertungsreihenfolge streng beachtet werden. Rufen wir etwa den Lagerwert zweier Artikel durch eine einzige Anforderung ab, etwa in der Form

---

[3] Weitere Formen von APL-Anforderungen sind z.B. Systemkommandos (siehe Kapitel 5).

$$10 \times 50.2 + 20 \times 100.5$$

so liefert uns das APL-System das — zunächst erstaunliche — Ergebnis von:

20602

Dies resultiert aus der folgenden Auswertungsreihenfolge:

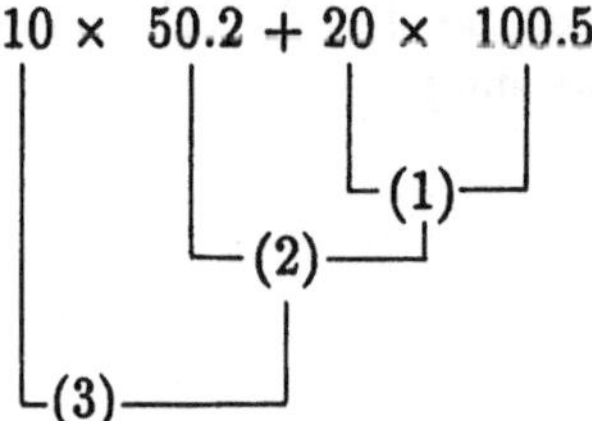

Diese Rechenoperationen werden — bei fehlender Klammerung — strikt von *"rechts nach links"* durchgeführt. Diese Auswertungsreihenfolge ist zunächst etwas ungewohnt. Es wird sich jedoch zeigen (siehe Kapitel 4), daß durch diese Regel eine einheitliche Behandlung von Prozeduren (Funktionen) und Operatoren durch das APL-System möglich ist. Jede von der Auswertungsreihenfolge abweichende Reihenfolge muß durch eine geeignete *Klammerung* beschrieben werden, wobei öffnende und schließende Klammern einander paarweise zugeordnet sein müssen.

Somit läßt sich die Auswertungsreihenfolge für den oben angegebenen arithmetischen Ausdruck durch

$$10 \times (50.2 + (20 \times 100.5))$$

kennzeichnen.

Damit zuerst die beiden Multiplikationen durchgeführt werden, ist es folglich erforderlich, unsere Anforderung in der Form

$$(10 \times 50.2) + 20 \times 100.5$$

zu stellen.

Wir merken abschließend an, daß die grundlegende Auswertungsvorschrift "von rechts nach links" *nicht* bedeutet, daß die Division

$$1 \div 2$$

zum Ergebnis 2.0 führt. Sie hat natürlich 0.5 als Ergebnis. Die Regel "von rechts nach links" bezieht sich *nur* auf die Operatoren und nicht auf die Operanden.

Exponentielle Darstellung

Zur abkürzenden Schreibweise von Potenzen zur Basis 10 wie etwa "1000000" oder "0.0001" läßt sich der Buchstaben "E" einsetzen. So können wir z.B. für "1000000" in der *exponentiellen Darstellung* die Angabe "1E6" und für "0.0001" die Angabe "1E$^-$4" machen. Der hinter "E" eingetragene ganzzahlige Wert ist als *Exponent* zur Basis "10" zu interpretieren, und der so ermittelte Potenzwert ist anschließend mit dem vor "E" aufgeführten Wert zu multiplizieren. Es gilt also[4] :

$$1E6 \equiv 1 \times 10^6 \equiv 1000000$$
$$1E^-4 \equiv 1 \times 10^{-4} \equiv 0.0001$$

Entsprechend kürzt etwa "25E$^-$2" den Wert "0.25" ab.

---

[4]Das Symbol "$\equiv$" steht stellvertretend für "entspricht" bzw. ist "gleichbedeutend mit".

Kapitel   3

Variable und Ausgabe von Werten

Variable und der Zuweisungs-Operator "←"

Bei den oben angegebenen APL-Anweisungen war es unbefriedigend, daß wir die Werte für die einzelnen Artikel zur Ermittlung des Lagerwerts wiederholt neu eingeben mußten. Sinnvoller ist die Speicherung von Werten unter einem Namen, durch dessen Nennung die Werte jederzeit — ohne eine erneute Dateneingabe — wieder zugänglich sind. Dazu lassen sich in APL *Variable* einrichten, in denen ein oder mehrere Werte abgespeichert werden. Eine Variable wird durch einen *Variablennamen* gekennzeichnet, der aus maximal 12 Zeichen bestehen darf. Er ist durch einen Buchstaben einzuleiten, dem bis zu 11 Zeichen folgen dürfen. Diese Zeichen können die Groß- und Kleinbuchstaben des Alphabets, Ziffern oder das *Unterstreichungszeichen* "_" sein. Die Einrichtung einer Variablen geschieht durch eine Zuweisung mit dem *Zuweisungs-Operator* "←" in der Form

    variablenname ← wert

für die Zuweisung eines einzigen Werts oder für die Zuweisung einer Reihung von Werten:

    variablenname ← reihung_von_werten

Wollen wir etwa die Bestandszahlen der Artikel unter dem Variablennamen ARTKLANZAHL abspeichern, so ordnen wir die Werte "10", "20", "5" und "2" der Variablen durch die Zuweisung

    ARTKLANZAHL ← 10 20 5 2

zu. Als Ergebnis dieser Operation erhalten wir einen Vektor mit 4 Reihungselementen, die wir als *Komponenten* bezeichnen:

	10
ARTKLANZAHL:	20
	5
	2

Der Variablenname ARTKLANZAHL kennzeichnet diese Variable und läßt sich in nachfolgenden APL-Anweisungen stellvertretend für die als Komponenten gespeicherten Werte verwenden.

So können wir z.B. den Inhalt dieser Variablen durch die APL-Anweisung

ARTKLANZAHL

(es wird nur der Variablenname eingegeben) mit dem Ergebnis

10 20 5 2

auf den Bildschirm ausgeben lassen.

Der Inhalt einer Variablen läßt sich durch eine erneute Zuweisung *überschreiben* (ersetzen). Haben wir etwa fälschlicherweise

ARTKLANZAHL ← 10 2

eingegeben, so können wir diesen Fehler durch die nachfolgende APL-Anweisung

ARTKLANZAHL ← 10 20 5 2

korrigieren, weil dadurch der alte Speicherinhalt mit den Werten "10 2" durch die neu zugewiesenen Werte "10 20 5 2" überschrieben wird.

Da sich Variablennamen in APL-Anweisungen als *Platzhalter* verwenden lassen, können wir (alternativ zu dem im Kapitel 2 dargestellten Vorgehen) den gesamten Lagerwert durch die Ausführung der Anweisungen

```
ARTKLANZAHL ← 10 20 5 2
ARTKLPREIS ← 50.2 100.5 10.2 80.5                (*)
WERTE ← ARTKLANZAHL × ARTKLPREIS
LAGERWERT ← +/WERTE
```

berechnen lassen.[1]   In der 3. APL-Anweisung stehen die Variablennamen ARTKLANZAHL und ARTKLPREIS stellvertretend für die zuvor zugewiesenen Werte. Die vier Ergebniswerte werden der Variablen WERTE zugewiesen. Der Name WERTE steht in der 4. Anweisung stellvertretend für die 4 Komponenten "502 2010 51 161", so daß durch den Reduktions-Operator "+/" der Lagerwert 2724 ermittelt und an die Variable LAGERWERT übertragen wird.

Vektor und Skalar

Im Gegensatz zu den Variablen ARTKLANZAHL, ARTKLPREIS und WERTE ist die Variable LAGERWERT nicht in Komponenten gereiht und enthält anstelle einer

---

[1] Warum bei der Ausführung dieser Anweisungen keine Ergebniswerte auf dem Bildschirm protokolliert werden, erläutern wir weiter unten.

Reihung von Werten nur einen einzigen Wert. Um diesen Unterschied kenntlich zu machen, verwenden wir die Begriffe "Vektor" und "Skalar".

Unter einem *Vektor* verstehen wir fortan eine Strukturgröße, in der ein oder mehrere Werte als Komponenten gereiht sind. Dagegen wird eine unstrukturierte Größe, die einen einzelnen Wert kennzeichnet, als *Skalar* bezeichnet.

Während wir auf den Lagerwert 2724 über den Variablennamen LAGERWERT zugreifen können, läßt sich über den Variablennamen eines Vektors nur die Gesamtheit der abgespeicherten Werte und nicht ein einzelner Wert ansprechen.

Um gezielt auf einzelne Komponenten zugreifen zu können, muß die Position, an welcher der abzurufende Wert innerhalb der Reihung auftritt, als *Index* (Positionsnummer) hinter dem Variablennamen aufgeführt werden. Dieser Index ist durch die öffnende Klammer "[" und durch die schließende Klammer "]" einzugrenzen.

ARTKLANZAHL[1]:	10	1. Komponente
ARTKLANZAHL[2]:	20	2. Komponente
ARTKLANZAHL[3]:	5	3. Komponente
ARTKLANZAHL[4]:	2	4. Komponente

So greifen wir z.B. mit

    ARTKLANZAHL[2]

auf den Wert "20" zu, weil dieser Wert an der 2. Position innerhalb des Vektors ARTKLANZAHL abgespeichert ist. Sind durch die Anforderung von

    ARTKLPREIS ← 50.2 100.5 10.2 80.5

die Preise der Artikel in die Variable ARTKLPREIS übertragen worden, so kann etwa der Warenwert des 2. Artikels durch die APL-Anweisung

    ARTKLANZAHL[2] × ARTKLPREIS[2]

zur Ausgabe abgerufen werden.

Ausgabe von Variablenwerten

Während diese Anweisung zur Ausgabe des Ergebniswerts "2010" führt, wird bei der Ausführung der oben angegebenen Anweisungen (*) kein Ergebnis angezeigt.

Grundsätzlich wird eine Bildschirmausgabe vom APL-System durch eine explizite Zuweisung an das *Ausgabesymbol* (quad) "□" (als Zeichen für den Bildschirm) abgerufen — etwa in der Form:

    □ ← ARTKLANZAHL ← 10 20 5 2

In diesem Fall werden die Werte

10 20 5 2

dem Vektor ARTKLANZAHL zugewiesen und anschließend am Bildschirm proto-kolliert. In dem Sonderfall, daß innerhalb einer APL-Anweisung keine explizite Zuweisung an eine Variable erfolgt — wie etwa bei

    10 × 50.2

oder bei der Anweisung

    ARTKLANZAHL

—, nimmt das APL-System automatisch eine Ergebnisausgabe vor, d.h. diese An-weisungen werden implizit mit

    □ ← 10 × 50.2

bzw. mit

    □ ← ARTKLANZAHL

gleichgesetzt. Somit ist

    ARTKLANZAHL ← 10 20 5 2
    ARTKLANZAHL

gleichbedeutend mit:

    □ ← ARTKLANZAHL ← 10 20 5 2

In dieser Anweisung haben wir zwei Zuweisungs-Operatoren eingetragen. Da alle Operationen in APL stets "von rechts nach links" ausgeführt werden, erfolgt zunächst eine Zuordnung von "10 20 5 2" an die Variable ARTKLANZAHL und erst anschließend die Datenausgabe dieser zugewiesenen Werte auf dem Bildschirm. Grundsätzlich dürfen in einer APL-Anweisung mehrere Zuweisungen angegeben werden — auch an den Bildschirm — wie etwa

    □ ← WERTE ← (□ ← ARTKLANZAHL) × □ ← ARTKLPREIS

mit den drei Ergebniszeilen:

50.2 100.5 10.2 80.5
10 20 5 2
502 2010 51 161

Hierbei ist zu beachten, daß die Zuweisung an das Symbol "□" nur die Datenausgabe abruft und nicht die Übertragung an einen mit "□" gekennzeichneten Speicherplatz vornimmt. Die Multiplikation wird folglich mit den Werten von ARTKLANZAHL und ARTKLPREIS durchgeführt.

Grundsätzlich können — unter Beachtung der Auswertungsreihenfolge und der Möglichkeit, aufeinanderfolgende Zuweisungen zu formulieren — Anweisungen eingegeben werden, die bis zum rechten Bildschirmrand reichen.[2] Dies macht es im Einzelfall möglich, komplexere Rechengänge in wenigen Anweisungszeilen zu beschreiben. In den nachfolgenden Beispielen werden wir jedoch — aus Gründen der Übersichtlichkeit — auf die Angabe von "Einzeilern" verzichten.

Der dyadische Operator "⊤" zum Formatieren

Wie oben erkennbar, werden numerische Werte ohne redundante Stellen ausgegeben. Wollen wir den Artikelpreis mit 2 Nachkommastellen protokollieren lassen, so müssen wir den dyadischen *Formatiere-Operator* "⊤" (format) anwenden, etwa in der Form

    7 2 ⊤ ARTKLPREIS

mit dem Ergebnis:[3]

⊔ ⊔ 50.20 ⊔ 100.50 ⊔ ⊔10.20 ⊔ ⊔80.50

Die erste der beiden Zahlen vor dem Operator "⊤" legt fest, mit wieviel Zeichenpositionen (inkl. dem Dezimalpunkt) der Wert bzw. die Werte des hinter "⊤" aufgeführten Operanden ausgegeben werden sollen. Die zweite Zahl vor "⊤" bestimmt die Anzahl der zu protokollierenden Nachkommastellen.

Soll das Ausgabeformat für die einzelnen Werte von ARTKLPREIS individuell festgelegt werden, so sind Paare von Formatangaben aufzuführen. So werden z.B. durch

    5 2 7 2 6 2 6 2 ⊤ ARTKLPREIS

die Werte

50.20 ⊔ 100.50 ⊔ 10.20 ⊔ 80.50

ausgegeben.

---

[2]Mit Hilfe der Funktionstaste F4 lassen sich beim bildschirmorientierten Editieren bis zu 160 Zeichen pro Anweisungszeile eingeben (siehe Anhang A.3).

[3]Zur besseren Darstellung kennzeichnen wir Leerzeichen — falls dies notwendig ist — symbolisch durch das Zeichen "⊔".

Der monadische Operator "ρ" zur Unterscheidung von Vektor und Skalar

Wollen wir uns über die Anzahl der in einem Vektor abgespeicherten Werte und damit über die Anzahl der gereihten Werte (die Länge des Vektors) informieren, so setzen wir dazu den *Strukturiere-Operator* "ρ" (shape) ein. Wenden wir diesen Operator auf einen Vektor an, so erhalten wir als Ergebnis einen *Vektor* mit einem einzigen Wert. Dieser Wert ist ganzzahlig und gibt die Vektorlänge des Operanden an, auf den der Operator "ρ" angewandt wurde.

Da der Vektor ARTKLPREIS 4 Komponenten besitzt, ergibt sich durch die Eingabe von

    ρ ARTKLPREIS

folglich ein Vektor mit dem Ergebniswert:

4

Wird der Operator "ρ" auf einen Skalar angewandt, so ist der *leere Vektor*[4] als Ergebnisvektor festgelegt, weil eine skalare Größe keine Länge besitzt.
Wird somit nach der Ausführung von

    LAGERWERT ← +/ WERTE

der Operator "ρ" auf die Variable LAGERWERT in der Form

    ρ LAGERWERT

angewendet, so resultiert der leere Vektor. Dieses Ergebnis wird am Bildschirm durch die Ausgabe des Leerzeichens

⊔

kenntlich gemacht.

---

[4] Zum Begriff des leeren Vektors siehe Abschnitt 6.2.

Kapitel 4

Der Einsatz von Prozeduren

Der Prozedurbegriff

Nachdem die Vektoren ARTKLANZAHL und ARTKLPREIS eingerichtet und erstmalig mit Werten gefüllt sind, lassen sich gezielte Änderungen durch eine Zuweisung an die jeweilige Vektorkomponente vornehmen. Erhöht sich z.B. der Bestand des Artikels, der in der Reihung als erster abgespeichert ist, um den Wert "10", so können wir dies durch

$$\text{ARTKLANZAHL[1]} \leftarrow \text{ARTKLANZAHL[1]} + 10$$

beschreiben. Soll nach dieser und evtl. weiteren Änderungen anschließend wiederum der Lagerwert ermittelt werden, so können wir dafür z.B.

$$\text{WERTE} \leftarrow \text{ARTKLANZAHL} \times \text{ARTKLPREIS}$$
$$+/ \text{ WERTE}$$

eingeben. Nach einer erneuten Lageränderung — evtl. auch nach Preisänderungen — wären diese Anweisungen erneut einzugeben. Somit ist es sinnvoll, diese beiden Anweisungen als *APL-Programm* unter einem Namen abzuspeichern, so daß eine erneute Ausführung dieser Anweisungen allein durch die Nennung des gewählten Namens abgerufen werden kann. Hierzu stellt das APL-System das *Prozedur-Konzept* zur Verfügung, bei dem ein oder mehrere APL-Anweisungen zu einer *Prozedur* zusammengefaßt und unter einem *Prozedurnamen* abgespeichert werden können. Die Regeln, nach denen ein Prozedurname gebildet werden darf, entsprechen denen für den Aufbau von Variablennamen.

In unserem Fall wählen wir BEWERTUNG als Prozedurnamen, mit dem wir die beiden oben angegebenen zwei Anweisungen kennzeichnen wollen:

BEWERTUNG:
WERTE ← ARTKLANZAHL × ARTKLPREIS
+/ WERTE

Vereinbarung einer Prozedur

Zur *Prozedurvereinbarung* von BEWERTUNG leiten wir den Prozedurnamen durch
das *Umschaltzeichen* "∇" (Nabla) in der Form

∇ BEWERTUNG

ein. Bislang wurde jede eingegebene Anweisung unmittelbar ausgeführt. Wir sagen,
daß sich das APL-System im *Ausführungsmodus* befindet. Durch die Eingabe von

∇ BEWERTUNG

schalten wir vom Ausführungsmodus in den *Definitionsmodus* um, in dem sich
sämtliche zu einer Prozedur gehörenden Anweisungen eingeben lassen, ohne daß
sie unmittelbar ausgeführt werden. Das APL-System quittiert diese Eingabe durch
die Bildschirmausgabe:

[1] _

Dies signalisiert, daß wir die erste unter dem Prozedurnamen BEWERTUNG abzuspeichernde APL-Anweisung eingeben können. Wir tragen jetzt

WERTE $\leftarrow$ ARTKLANZAHL $\times$ ARTKLPREIS

ein. Anschließend betätigen wir die Enter-Taste, woraufhin durch die Ausgabe von

[2] _

in der nächsten Bildschirmzeile die Eingabe der nächsten Anweisung erfolgen kann.
Nach der Eingabe von

+/ WERTE

erscheint

[3] _

als Eingabeaufforderung. Da wir keine weitere Anweisung abspeichern lassen wollen,
geben wir anschließend das Umschaltzeichen

∇

ein und schalten dadurch vom Definitionsmodus wieder in den Ausführungsmodus
zurück.

Nach dem Start des APL-Dialogs kann beliebig oft vom Ausführungsmodus in den
Definitionsmodus und zurück gewechselt werden:

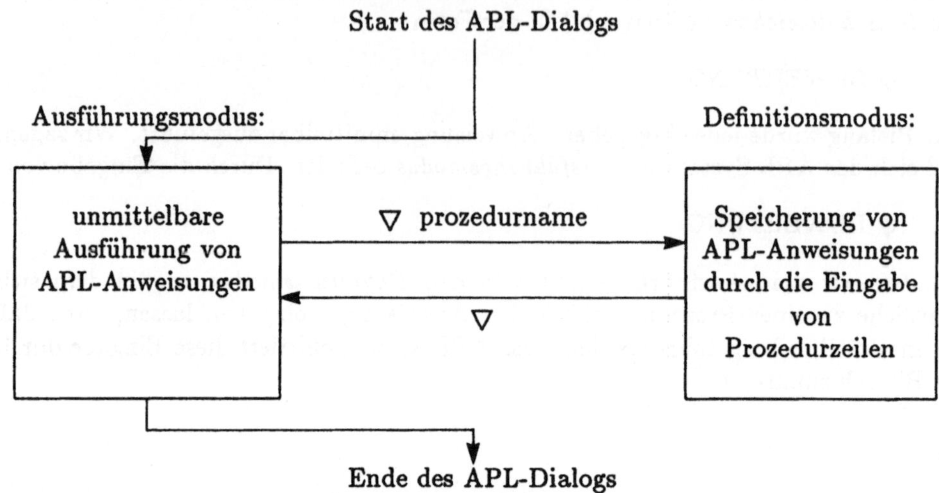

Jede im Definitionsmodus vereinbarte Prozedur ist in einen *Prozedurkopf* und einen
Prozedurrumpf gegliedert:

Prozedur:

Zeile [0]	Prozedurkopf
Zeile [1]	
⋮	Prozedurrumpf
Zeile [n]	

Um uns die eingegebenen Prozedurzeilen anzeigen zu lassen, müssen wir (im
Ausführungsmodus) eine Ausgabeanweisung in der Form

    ∇ prozedurname [▢]

eingeben, wodurch in den Definitionsmodus umgeschaltet und die Protokollierung
durchgeführt wird.

So erhalten wir durch die Eingabe von

    ∇ BEWERTUNG[▢]

die folgenden Prozedurzeilen angezeigt:

```
[0] BEWERTUNG
[1] WERTE ← ARTKLANZAHL × ARTKLPREIS
[2] +/ WERTE
[3]
```

Als Prozedurkopf der Prozedur BEWERTUNG wird in der ersten Ausgabezeile —
eingeleitet durch "[0]" — der Prozedurname (hier: BEWERTUNG) ausgegeben.
Es folgen die Anweisungen des Prozedurrumpfs, der aus den Zeilen "[1]" und "[2]"
besteht und durch die Ausgabe von "[3]" abgeschlossen wird.

Nach der Ausgabe der Prozedurzeilen befindet sich das APL-System nach wie vor
im Definitionsmodus. Durch die Eingabe des Umschaltzeichens "∇" kehren wir in
den Ausführungsmodus zurück.

Zur *Prozedurausführung* ist — als APL-Anweisung — der Prozedurname anzugeben.
Daraufhin werden die im Prozedurrumpf vereinbarten Anweisungen nacheinander
ausgeführt.

Vorausgesetzt, die Variablen ARTKLANZAHL und ARTKLPREIS enthalten nach
wie vor die Werte "10 20 5 2" und "50.2 100.5 10.2 80.5", so wird durch den
Prozeduraufruf

BEWERTUNG

— durch die Ausführung der Prozedurzeile "[2]" — der Wert

2724

am Bildschirm angezeigt.

Modifikation von Prozeduren

Wollen wir die oben definierte Prozedur BEWERTUNG nachträglich verändern, so
müssen wir zunächst den Definitionsmodus durch die Eingabe von

∇ BEWERTUNG

einstellen. Da wir die Anweisungen in den Prozedurzeilen "[1]", "[2]" zu einer
Anweisung in der Form

+/ WERTE $\leftarrow$ ARTKLANZAHL $\times$ ARTKLPREIS

zusammenziehen wollen, geben wir ein *Editorkommando* zur Ausgabe der 1. Zeile
— für die anschließende Modifikation — in der Form

[1 $\square$ 0]

ein. Daraufhin wird der Text

[1] WERTE $\leftarrow$ ARTKLANZAHL $\times$ ARTKLPREIS

auf dem Bildschirm angezeigt. In dieser Zeile können wir mit den Cursor-Tasten
(Cursor-Links bzw. Cursor-Rechts) geeignet positionieren und mit Hilfe der Insert-
Taste den ursprünglichen Inhalt wie folgt abändern:

[1] +/ WERTE ← ARTKLANZAHL × ARTKLPREIS

Durch die nachfolgende Eingabe des Editorkommandos

    [△ 2]

löschen wir die Zeile "[2]", so daß die anschließend durch das Editorkommando

    [1 □ 2]

angeforderte Protokollierung den aktuellen Stand der Prozedurzeilen in Form von

[1] +/ WERTE ← ARTKLANZAHL × ARTKLPREIS
[2]

anzeigt.

Wir lassen die Änderungen speichern, indem wir den Definitionsmodus durch die
Eingabe des Umschaltzeichens "∇" verlassen.
Besteht vor dieser Umschaltung der Wunsch, die Modifikationen wieder rückgängig
zu machen, so muß anstelle von "∇" die Anweisung

    [→]

eingegeben werden. Dies hat zur Folge, daß der zuvor eingestellte Definitionsmodus
verlassen wird, ohne daß die Änderungen gespeichert werden.
Weitere nützliche APL-Anweisungen zur Modifikation von definierten Prozeduren
stellen wir im Anhang A.2 (Zeilenorientierte Definition und Modifikation von Prozeduren) und im Anhang A.3 (Bildschirmorientierte Definition und Modifikation
von Prozeduren) dar.

Protokollierung der Prozedurausführung

Bei einer so einfachen Prozedur wie BEWERTUNG ist ein evtl. fehlerhaftes Arbeiten — hervorgerufen etwa durch einen Eingabefehler — leicht erkennbar und
überprüfbar. Bei der Ausführung komplexerer Prozeduren ist es in jedem Fall sinnvoll, sich am Bildschirm anzeigen zu lassen, welche Prozedurzeilen jeweils bearbeitet
werden. Dazu müssen die Nummern der Zeilen, deren Ausführung beim Durchlaufen der Prozedur protokolliert werden sollen, in einem speziellen Vektor abgespeichert werden. Dieser Vektor heißt der zu einer Prozedur zugehörige *Trace-Vektor.*

Sein Name wird durch die beiden Zeichen "TΔ" ("Δ" wird "Delta" gesprochen) eingeleitet und durch den Prozedurnamen ergänzt.

Der zur oben definierten Prozedur BEWERTUNG gehörige Trace-Vektor trägt den Namen TΔBEWERTUNG. Da der Prozedurrumpf der Prozedur BEWERTUNG in ihrer aktuellen Fassung nur aus einer Zeile besteht, weisen wir die Zeilennummer "1" in der Form

$$T\Delta BEWERTUNG \leftarrow 1$$

zu. Es ist zu beachten, daß "TΔBEWERTUNG" ein Name ist, so daß vor und hinter dem Zeichen "Δ" kein Leerzeichen auftreten darf.

Somit liefert die Ausführung von

```
TΔBEWERTUNG ← 1
BEWERTUNG
```

die Ausgabe von:

```
BEWERTUNG[1]
2724
```

Der monadische Operator "ι" als Index-Generator

Falls die Ergebnisse sämtlicher Zeilen — z.B. einer 5-zeiligen Prozedur mit dem Namen "PROC1" — ausgegeben werden sollen, so ist vor dem Prozeduraufruf eine Zuweisung des Vektors mit den Werten "1 2 3 4 5" an den jeweiligen Trace-Vektor vorzunehmen. Dazu ist die Zuweisung

$$T\Delta PROC1 \leftarrow 1\ 2\ 3\ 4\ 5$$

einzugeben. Das Aufführen fortlaufender Zeilennummern läßt sich durch den Einsatz des Index-Operators "ι" (Jota) als *Index-Generator* (index generator) vereinfachen. Für eine ganze Zahl n (> 0) liefert die Ausführung von

$$\iota\ n$$

den aus n Komponenten bestehenden Vektor:

$$1\ 2\ 3\ ...\ n-1\ n$$

Folglich können wir die Zuweisung

$$T\Delta PROC1 \leftarrow 1\ 2\ 3\ 4\ 5$$

durch

$$T\Delta PROC1 \leftarrow \iota\ 5$$

abkürzend beschreiben.

Soll der Trace ausgeschaltet werden, d.h. die Protokollierung wieder unterbleiben, so muß die Zuweisung[1]

$$T\Delta PROC1 \leftarrow \iota\, 0$$

ausgeführt werden.

Protokollierung von Zwischenergebnissen

Während Trace-Vektoren sich für die zeilenweise Kontrolle des Prozedurablaufs eignen, ist für die Ergebniskontrolle die Ausgabe von Zwischenergebnissen (durch die Zuweisung an den Bildschirm "□") empfehlenswert.

So fügen wir etwa eine geeignete Zwischenwertausgabe dadurch in die Prozedur BEWERTUNG ein, daß wir die Zeile

$$[1]\ +/WERTE \leftarrow ARTKLANZAHL \times ARTKLPREIS$$

in die Zeile

$$[1]\ +/WERTE \leftarrow \square \leftarrow ARTKLANZAHL \times ARTKLPREIS$$

abändern. Anschließend liefert der Aufruf von

    BEWERTUNG

die folgende Bildschirmausgabe — vorausgesetzt, daß zuvor der Trace ausgeschaltet wurde:

502 2010 51 161
2724

Prozeduren mit Parametern

Bei der Prozedurausführung von BEWERTUNG haben wir auf die Variablen ARTKLANZAHL und ARTKLPREIS zugegriffen. Ändern sich zu einem späteren Zeitpunkt die Namen dieser Bestandsvektoren — etwa in ANZAHL und PREIS —, so kann die Prozedur BEWERTUNG erst nach einer Änderung der Variablennamen ARTKLANZAHL (in ANZAHL) und ARTKLPREIS (in PREIS) ausgeführt werden.

Um zu verhindern, daß eine derartige Änderung erforderlich wird, müssen im Prozedurkopf und innerhalb des Prozedurrumpfs anstelle von Variablennamen geeignete

---

[1]Die Anweisung "$\iota\, 0$" erzeugt den leeren Vektor (siehe Abschnitt 6.2).

Platzhalter als *formale Parameter* verwendet werden. Die Namen dieser formalen Parameter müssen den Regeln für die Bildung von Variablennamen genügen. Beim Prozeduraufruf werden die formalen Parameter durch die korrespondierenden *aktuellen Parameter*, die zusammen mit dem Prozedurnamen angegeben werden müssen, ersetzt.

So können wir in unserem Fall die Prozedur BEWERTUNG — mit den formalen Parametern PAR_ANZAHL und PAR_PREIS — z.B. in der Form

```
[0] PAR_ANZAHL  BEWERTUNG  PAR_PREIS
[1] +/WERTE ← PAR_ANZAHL × PAR_PREIS
[2]
```

vereinbaren und anschließend mit den aktuellen Parametern ARTKLANZAHL und ARTKLPREIS in der Form

```
    ARTKLANZAHL  BEWERTUNG  ARTKLPREIS
```

zur Ausführung bringen.

Prozedurkopf: [0] PAR_ANZAHL   BEWERTUNG   PAR_PREIS
                           ↕   ↕
Prozeduraufruf: ARTKLANZAHL   BEWERTUNG   ARTKLPREIS

Die formalen Parameter PAR_ANZAHL und PAR_PREIS dienen innerhalb des Prozedurrumpfs als Platzhalter für die — erst beim Prozeduraufruf festzulegenden — aktuellen Parameter ARTKLANZAHL und ARTKLPREIS. Durch diese Korrespondenz wird die Prozedurzeile

```
[1] +/WERTE ← PAR_ANZAHL × PAR_PREIS
```

innerhalb der definierten Prozedur BEWERTUNG zum Zeitpunkt des Prozeduraufrufs in die Zeile

```
[1] +/WERTE ← ARTKLANZAHL × ARTKLPREIS
```

umgeformt und in dieser Form ausgeführt. Indem wir formale Parameter vereinbaren, brauchen wir bei der Programmierung die tatsächlichen Namen der Variablen, mit denen bei der Prozedurausführung gearbeitet werden soll, nicht zu kennen. Diese Arbeitsweise hat den Vorteil, daß die Anweisungen innerhalb einer Prozedur für verschiedene Variable — ohne eine Änderung der Prozedurzeilen — ausgeführt werden können.

Wollen wir z.B. für mehrere Läger eine Bestandsbewertung durchführen, so verabreden wir für jedes Lager eine Variable zur Speicherung der Artikelanzahlen, etwa in der Form:

    ANZAHL_L1 ← 10 20 5 2
    ANZAHL_L2 ← 5 10 20 3

Anschließend läßt sich der Lagerwert des 1. Lagers durch den Prozeduraufruf

    ANZAHL_L1   BEWERTUNG   ARTKLPREIS

und der Wert des 2. Lagers durch den Aufruf

    ANZAHL_L2   BEWERTUNG   ARTKLPREIS

berechnen.
In der Prozedurdefinition von BEWERTUNG sind zwei formale Parameter angegeben. Demzufolge sind auch beim Prozeduraufruf zwei aktuelle Parameter aufzuführen.
Grundsätzlich werden Prozeduren danach unterschieden, ob sie im Prozedurkopf *ohne* Parameter in der Form

    ∇ prozedurname

als *niladische Prozedur*, oder mit *einem* Parameter in der Form

    ∇ prozedurname parameter_1

als *monadische Prozedur*, oder mit *zwei* Parametern in der Form

    ∇ parameter_1 prozedurname parameter_2

als *dyadische Prozedur* vereinbart sind.[2]
Beim Prozeduraufruf darf anstelle eines Variablennamens auch ein Skalar bzw. ein Vektor (als eine Reihung von Werten) als aktueller Parameter übergeben werden. In diesem Fall werden die angegebenen Werte dem jeweils korrespondierenden formalen Parameter des Prozedurkopfs zugeordnet.

Funktionen als spezielle Prozeduren

Soll etwa der Lagerwert nicht auf dem Bildschirm angezeigt, sondern — für eine nachfolgende Anwendung — in der Variablen LAGERWERT gespeichert werden, so können wir die Prozedur BEWERTUNG in der Form

---

[2]Den Fall, daß mehr als zwei Parameter verwendet werden sollen, stellen wir in Kapitel 12 dar.

[0] BEWERTUNG
[1] WERTE ← ARTKLANZAHL × ARTKLPREIS
[2] LAGERWERT ← +/WERTE

definieren. Wollen wir nach dem Prozeduraufruf von BEWERTUNG den errechneten Lagerwert z.B. mit 2 Dezimalstellen auf dem Bildschirm protokollieren lassen, so läßt sich der Formatiere-Operator "⊤" in der Form

    7 2 ⊤ LAGERWERT

einsetzen. Sollen die beiden Anweisungen

    BEWERTUNG
    7 2 ⊤ LAGERWERT

zu einer einzigen Anweisung zusammengefaßt werden, so muß das Ergebnis der Prozedurausführung dem Operator "⊤" unmittelbar zur Verfügung gestellt werden können. Dies ist in APL dadurch möglich, daß die Prozedur BEWERTUNG als Funktion vereinbart wird.
Eine *Funktion* ist eine spezielle Prozedur, die nach ihrem Aufruf einen einzigen Wert als *Ergebniswert* zurückmeldet. Durch den Einsatz von Funktionen wird es möglich, einen Funktionsaufruf genauso wie eine Variable als Operand in einer Anweisung zu verwenden.
Im Unterschied zum Prozedurkopf bei einer Prozedurvereinbarung muß der Kopf bei der Definition einer *niladischen Funktion* in der Form

    ∇ ergebnis_variable ← funktionsname

erfolgen, d.h. zwischen dem Umschaltzeichen "∇" und dem Funktionsnamen ist der Name einer Ergebnisvariablen und der Zuweisungs-Operator "←" anzugeben.
Bei einer *monadischen Funktion* ist die Definition durch

    ∇ ergebnis_variable ← funktionsname parameter_1

und bei *dyadischen Funktionen* in der Form

    ∇ ergebnis_variable ← parameter_1 funktionsname parameter_2

vorzunehmen.
Wählen wir z.B. WERTE_SUMME als Ergebnisvariable, so läßt sich die Funktion BEWERTUNG etwa durch

[0] WERTE_SUMME ← BEWERTUNG
[1] WERTE ← ARTKLANZAHL × ARTKLPREIS
[2] WERTE_SUMME ← +/WERTE

vereinbaren. Innerhalb der Zeile "[2]" wird der Ergebnisvariablen derjenige Wert zugewiesen, der als Ergebnis des Funktionsaufrufs zurückgemeldet werden soll.

Auf der Basis dieser Funktionsdefinition wird durch

$7\ 2\ \top$ BEWERTUNG

der aus dem Aufruf von BEWERTUNG resultierende Funktionswert als Operand des Formatiere-Operators "$\top$" verwendet und folglich der Wert

2724.00

ausgegeben.

Bei der Definition einer Funktion ist zu beachten, daß der im Funktionskopf aufgeführten Ergebnisvariablen — in unserem Fall der Variablen WERTE_SUMME — innerhalb des Funktionsrumpfs *mindestens* einmal ein Wert zugewiesen werden muß. Bei mehrfacher Zuweisung wird der zuletzt zugeordnete Wert als Funktionswert übernommen. Nach der Ausführung einer Funktion kann auf den Wert der Ergebnisvariablen nicht mehr zugegriffen werden. Sie wird nur für die Dauer der Funktionsausführung eingerichtet.

Als Alternative zur oben angegebenen Funktionsvereinbarung läßt sich die Funktion BEWERTUNG z.B. auch in der Form

```
[0] WERTE_SUMME ← PAR_ANZAHL  BEWERTUNG  PAR_PREIS
[1] WERTE ← PAR_ANZAHL × PAR_PREIS
[2] WERTE_SUMME ← +/WERTE
```

verabreden. Durch diese Definition sind wir von den aktuell gültigen Namen der Bestandsvariablen unabhängig und können zudem den ermittelten Lagerwert über den Funktionsnamen BEWERTUNG — innerhalb einer APL-Anweisung — zur weiteren Verarbeitung zur Verfügung stellen — etwa durch

$7\ 2\ \top$ ARTKLANZAHL BEWERTUNG ARTKLPREIS

als Operand des Formatiere-Operators "$\top$". Da die Bearbeitungsreihenfolge von Operatoren stets "von rechts nach links" festgelegt ist (siehe Kapitel 2), läßt sich ein Funktionsname auch als *Operator* auffassen.

Auch bei *verschachtelten Funktionsaufrufen* von monadischen Funktionen, etwa in der Form

```
funktion_1 ( funktion_2 ( funktion_3 parameter_1 ) )
```

können die Klammern weggelassen werden, da die Funktionsnamen wie monadische Operatoren wirken und die Auswertung von "rechts nach links" erfolgt.

Kapitel 5

Datenhaltung in Arbeitsbereichen

Inhalt des Arbeitsbereichs

Alle während eines APL-Dialogs vereinbarten Variablen und Prozeduren (Funktionen) werden vom APL-System in einem gesonderten Teil des Hauptspeichers — *Arbeitsbereich* (Working Storage) genannt — abgelegt:

Hauptspeicher			
	APL-System		
		Arbeitsbereich	
			Variable
			Prozeduren (Funktionen)

Der Arbeitsbereich trägt einen Namen, der zu Beginn eines APL-Dialogs mit dem Namen "CLEAR WS" voreingestellt ist. Dieser Name wird beim Aufruf des APL-Systems auf dem Bildschirm angezeigt.

Im folgenden stellen wir APL-Anforderungen vor, mit denen der Inhalt des Arbeitsbereichs angezeigt, gelöscht, gesichert und wieder bereitgestellt werden kann. Im Unterschied zu den bisher dargestellten APL-Anweisungen werden jetzt keine Werte verarbeitet, sondern Dienstleistungen vom APL-System abgerufen, so daß wir diese Anforderungen als *Systemkommandos* bezeichnen. Zur syntaktischen Unterscheidung von APL-Anweisungen werden Systemkommandos stets durch das Zeichen ")" eingeleitet.

Systemkommando)VARS

Mit Hilfe des Systemkommandos

)VARS

("VARS" kürzt "Variables" ab) können wir alle bislang im Arbeitsbereich vereinbarten Variablennamen auf dem Bildschirm protokollieren lassen.

So führt z.B. der Dialog

```
    ARTKLANZAHL ← 10 20 5 2
    ARTKLPREIS ← 50.2 100.5 10.2 80.5
    ∇ BEWERTUNG
[1] WERTE ← ARTKLANZAHL × ARTKLPREIS
[2] +/ WERTE
[3] ∇
    BEWERTUNG
```

zur Ausgabe des Werts

2724

und die anschließende Eingabe von

```
    )VARS
```

zur Bildschirmausgabe von:

ARTKLANZAHL ARTKLPREIS WERTE

Systemkommando)FNS

Wollen wir uns über die Namen der im Arbeitsbereich gespeicherten Prozeduren (Funktionen) informieren, so formulieren wir das Systemkommando

```
    )FNS
```

("FNS" kürzt "Functions" ab) mit der — in unserer Situation — resultierenden Ausgabe von:

BEWERTUNG

Sicherung des Arbeitsbereichs

Bevor wir unseren APL-Dialog beenden — dazu müssen wir das Systemkommando)OFF angeben —, haben wir die Möglichkeit, den gesamten aktuellen Inhalt des Arbeitsbereichs auf einer Diskette bzw. auf der Festplatte durch die Eingabe des Systemkommandos)SAVE in einer *Bibliotheks-Datei* zu sichern (siehe unten).

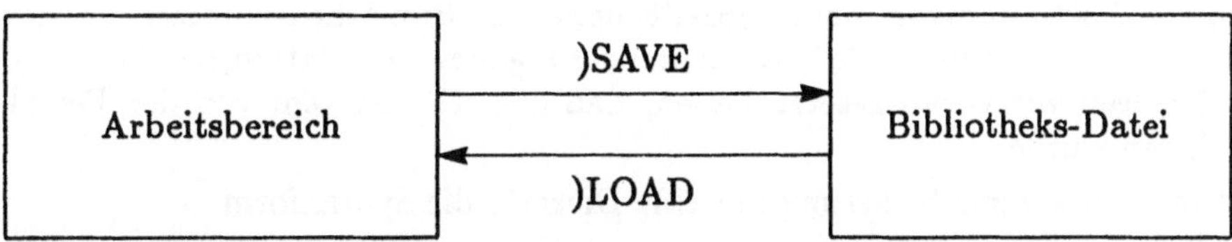

Damit besteht die Möglichkeit, sämtliche vereinbarten Größen zu Beginn des nächsten APL-Dialogs durch die Eingabe des Systemkommandos)LOAD (siehe unten) wieder bereitzustellen, so daß ein zuvor beendeter Dialog an der Stelle wieder aufgenommen werden kann, an der er unterbrochen wurde. Ohne eine Sicherung ist der gesamte Speicherinhalt des Arbeitsbereichs unwiederbringlich verloren, so daß alle während des APL-Dialogs vereinbarten Variablen und Prozeduren (Funktionen) — bei Bedarf — erneut über die Tastatur einzugeben sind.

Zur Übertragung in eine Bibliotheks-Datei muß eine *Bibliotheksnummer* zur Kennzeichnung eines Laufwerks angegeben werden, auf dem der Inhalt des Arbeitsbereichs abgespeichert werden soll. Als Bibliotheksnummer stehen die Zahlen 1 (zur Kennzeichnung des ersten Disketten-Laufwerks "A:"), 2 (zur Kennzeichnung eines zweiten Disketten-Laufwerks "B:") bzw. 3 (zur Kennzeichnung des Festplatten-Laufwerks "C:") zur Verfügung. Wir werden die Sicherung stets auf eine Diskette im Laufwerk "A:" vornehmen, so daß wir — bei voreingestelltem Laufwerk "C:" — die Bibliotheksnummer 1 zur Laufwerks-Kennzeichnung angeben müssen.

Systemkommando)SAVE

Zur Sicherung unseres aktuellen Arbeitsbereichs setzen wir das Systemkommando)SAVE ein, dessen Syntax sich in der Form

>   )SAVE [[bibliotheksnummer] arbeitsbereichsname]

darstellt. Die in Klammern eingeschlossenen Angaben dürfen gemacht werden oder können entfallen, so daß Anforderungen in der Form

>   )SAVE

oder

>   )SAVE arbeitsbereichsname

oder

>   )SAVE bibliotheksnummer arbeitsbereichsname

möglich sind.

Die klein geschriebenen Wörter — wie "bibliotheksnummer" und "arbeitsbereichsname" — wirken in unserer Syntax-Darstellung als *Platzhalter*, an deren Stelle geeignete Namen oder Werte einzutragen sind.

Geben wir das Systemkommando)SAVE ohne eine Bibliotheksnummer an, so wird
automatisch die Nummer "3" zur Adressierung des Festplatten-Laufwerks ange-
nommen, weil wir vorausgesetzt haben, daß das APL-System von der Festplatte
aus geladen wurde.

Somit müssen wir zur Sicherung auf eine Diskette die Syntaxform

>   )SAVE bibliotheksnummer arbeitsbereichsname

verwenden. Zur Sicherung unseres aktuellen Arbeitsbereichs geben wir

>   )SAVE 1 BESTAND

ein, was durch die Ausgabe der Uhrzeit, des Datums und des Arbeitsbereichsna-
mens "BESTAND" quittiert wird. Es ist eine Bibliotheks-Datei auf der Diskette im
Laufwerk "A:" eingerichtet und mit der Prozedur BEWERTUNG und den Variablen
ARTKLANZAHL, ARTKLPREIS und WERTE gefüllt worden.

Der Name der Bibliotheks-Datei wird aus dem *Arbeitsbereichsnamen* gebildet. Er
muß den Regeln für die Angabe von Grundnamen zur Bezeichnung von DOS-
Dateien genügen. Ist der Arbeitsbereichsname kürzer als 8 Zeichen, so wird der
Name durch Anfügen von Unterstreichungszeichen "_" vom APL-System automa-
tisch auf 8 Zeichen aufgefüllt. An den Grundnamen wird stets die Zeichenfolge
"APL" als Namensergänzung angehängt, so daß in unserer Situation die DOS-Datei
"BESTAND_.APL" auf der Diskette im Laufwerk "A:" eingerichtet wird.

Wegen dieser Namenskonvention ist es z.B. auch nicht möglich, den Arbeitsbereich
durch die Ausführung von

>   )SAVE

auf die Festplatte zu übertragen, da der vom APL-System voreingestellte Arbeitsbereichsname "CLEAR WS" nicht den Anforderungen an einen DOS-Dateinamen
genügt (innerhalb eines Dateinamens sind keine Leerzeichen erlaubt!). Wir werden
somit gezwungen, vor der Angabe dieses Systemkommandos den voreingestellten
Arbeitsbereichsnamen zu ändern.

Systemkommando)WSID

Zur Vergabe und Abfrage des Arbeitsbereichsnamens stellt das APL-System das
Systemkommando)WSID in der Form von

>   )WSID [[bibliotheksnummer] arbeitsbereichsname]

("WSID" kürzt "Workspace Identification" ab) zur Verfügung, so daß wir z.B.

>   )WSID 1 BESTAND

angeben (dies wird mit der Ausgabe des Textes "WAS CLEAR WS" beantwortet)
und damit den aktuellen Arbeitsbereichsnamen auf "BESTAND" und gleichzeitig
die Laufwerks-Voreinstellung von "3" auf die Nummer "1" ändern können.

Somit ist die Angabe

)SAVE 1 BESTAND

gleichbedeutend mit

)WSID 1 BESTAND
)SAVE

Systemkommando)ERASE

In der Regel ist es sinnvoll, den Arbeitsbereich vor einer Sicherung in eine Bibliotheks-Datei daraufhin zu überprüfen, ob er auch tatsächlich nur die benötigten und sicherungswürdigen Daten enthält.
Haben wir uns etwa bei der Eingabe der Artikelanzahlen versehen und anstelle von

    ARTKLANZAHL ← 10 20 5 2

zunächst

    ARTIKELANZAHL ← 10 20 5 2

geschrieben, so hätte das APL-System den Vektor ARTIKELANZAH (bei Variablennamen mit mehr als 12 Zeichen werden überzählige Zeichen ignoriert) im Arbeitsbereich eingerichtet.
Zur Löschung von Variablen und Prozeduren (Funktionen) ist das Systemkommando)ERASE in der Form

)ERASE name_1 [name_2] ...

anzugeben. Dabei bedeutet "name_1 [name_2] ...", daß ein oder mehrere Namen hintereinander aufgeführt werden dürfen.
Wir geben somit

)ERASE ARTIKELANZAH

ein und erhalten durch

)VARS

folglich (nach vorheriger Eingabe der Zuweisung an ARTKLANZAHL)

ARTKLANZAHL   ARTKLPREIS   WERTE

protokolliert.

Systemkommando)CLEAR

Soll der gesamte Inhalt des Arbeitsbereichs gelöscht werden, so ist dazu das Systemkommando)CLEAR in der Form

)CLEAR

einzugeben. Durch eine nachfolgende Eingabe von ")VARS" bzw. ")FNS" wird eine Leerzeile auf dem Bildschirm ausgegeben. Dies dokumentiert, daß keine Variable und auch keine Prozedur (Funktion) im Arbeitsbereich abgelegt ist.

Globale und lokale Variable

Wie oben angegeben, führt die Ausführung von ")VARS" zur Ausgabe von ARTKLANZAHL, ARTKLPREIS und WERTE. Die Variable WERTE haben wir während der Ausführung der Prozedur BEWERTUNG zur Speicherung von Zwischenergebnissen verwendet, so daß eine Übertragung dieser Variablen in eine Bibliotheks-Datei nicht sinnvoll erscheint. Es ist sicherlich sehr aufwendig und damit unbefriedigend, wenn jeweils alle Variablen, die zur Speicherung von Zwischenergebnissen, die bei der Ausführung von Prozeduren (Funktionen) benötigt werden, explizit mit dem Systemkommando)ERASE gelöscht werden müssen. Wirkungsvoller ist es, alle derartigen Variablen innerhalb der jeweiligen Prozedur (Funktion) zu *lokalen* Variablen zu erklären, indem sie innerhalb des Prozedurkopfs hinter dem Prozedurnamen aufgeführt und jeweils durch ein *Semikolon* ";" eingeleitet werden.

Zur Deklaration von WERTE als lokale Variable hätten wir somit

    ▽ BEWERTUNG ;WERTE

als Prozedurkopf eingeben müssen. In dieser Situation wird die Variable WERTE bei der Ausführung von BEWERTUNG im Arbeitsbereich eingerichtet und bei Erreichen des Prozedurendes wieder aus dem Arbeitsbereich gelöscht.

Lokale Variable existieren somit *nur* während der Ausführung der Prozedur (Funktion), in der sie definiert sind.

Anders ist dies mit den *globalen* Variablen. Diese Größen werden im Ausführungsmodus durch eine Zuweisung oder während der Ausführung einer Prozedur (durch eine Zuweisung) im Arbeitsbereich eingerichtet, falls sie im Prozedurkopf nicht als lokale Variable aufgeführt sind.

Wird die Prozedur BEWERTUNG auf der Basis der zuletzt vorgenommenen Definition von BEWERTUNG ausgeführt, so liefert das Systemkommando

)VARS

somit die Ausgabe der Variablennamen:

ARTKLANZAHL ARTKLPREIS

Folglich werden durch

)SAVE 1 BESTAND

nur die Variablen ARTKLANZAHL und ARTKLPREIS und die definierte Prozedur BEWERTUNG in die Bibliotheks-Datei "BESTAND_.APL" auf der Diskette
im Laufwerk "A:" übertragen.

Systemkommando)LOAD

Um einen zuvor durch das Systemkommando)SAVE gesicherten Arbeitsbereich für
eine weitere Verarbeitung zugänglich zu machen, muß der Inhalt der zugehörigen
Bibliotheks-Datei in den Arbeitsbereich geladen werden. Dazu ist das Systemkommando)LOAD in der Form[1]

)LOAD [bibliotheksnummer] arbeitsbereichsname

einzusetzen, wobei für den Platzhalter "arbeitsbereichsname" der Namensstamm
des Bibliotheks-Dateinamens — ohne evtl. abschließende Unterstreichungszeichen
"_" — aufzuführen ist.   Der Arbeitsbereich trägt anschließend den Namen
"arbeitsbereichsname".
In unserem Fall löscht das APL-System bei der Ausführung von

)LOAD 1 BESTAND

alle Eintragungen im aktuellen Arbeitsbereich, nimmt eine Umbenennung des Arbeitsbereichsnamens in "BESTAND" vor und überträgt den Inhalt der Bibliotheks-
Datei "BESTAND_.APL" in den Arbeitsbereich "BESTAND". Anschließend läßt
sich die Bearbeitung von ARTKLANZAHL und ARTKLPREIS fortsetzen, und es
können weitere Prozeduren (Funktionen) für die Bestandsführung vereinbart werden.

Systemkommandos)LIB und)DROP

Haben wir in mehreren aufeinanderfolgenden APL-Dialogen ein oder mehrere verschiedene Arbeitsbereiche auf der Diskette im Laufwerk "A:" gesichert, so können
wir die Namen der Bibliotheks-Dateien durch das Systemkommando)LIB ("LIB"
kürzt "Library" ab) in der Form

)LIB [bibliotheksnummer]

---

[1]Falls die Angabe von "bibliotheksnummer" entfällt, wird auf die voreingestellte Festplatte im
Laufwerk "C:" zugegriffen.

anzeigen lassen.

In unserem Fall erhalten wir — nach unserem ersten APL-Dialog — durch

)LIB 1

die Bildschirmausgabe:

BESTAND

Wollen wir nicht mehr gebrauchte Bibliotheks-Dateien löschen, so müssen wir das Systemkommando)DROP in der Form

)DROP [bibliotheksnummer] grundname

verwenden, wie etwa

)DROP 1 BESTAND

zur Löschung der Bibliotheks-Datei "BESTAND_.APL" auf der Diskette im Laufwerk "A:".

Kapitel 6

Prozeduren zur Bearbeitung von Bestandsdaten

6.1 Abfrage von Bestandsdaten

Zugriff über Artikelnummern

Bislang haben wir auf die einzelnen Artikeldaten, die in den Vektoren

ARTKLANZAHL:	
	10
	20
	5
	2

ARTKLPREIS:	
	50.20
	100.50
	10.20
	80.50

im Arbeitsbereich abgespeichert sind, über den der jeweiligen Komponente zugeordneten Index zugegriffen. In der Praxis ist es jedoch üblich, die Bestandsdaten durch Artikelnummern zu adressieren. Daher richten wir einen zusätzlichen Vektor ARTKLNUMMER z.B. durch

$$\text{ARTKLNUMMER} \leftarrow 123\ 416\ 512\ 713$$

ein, so daß dem 1. Artikel — mit der Anzahl 10 und dem Preis 50.20 DM — die Artikelnummer "123" zugeordnet ist, dem 2. Artikel — mit der Anzahl "20" und dem Preis "100.50" DM — die Artikelnummer "416" usw.

Der dyadische Operator "ι" zur Index-Bestimmung

Bei der Bestandsbearbeitung stellt sich somit die Aufgabe, über eine vorgegebene Artikelnummer den zugehörigen *Indexwert* zu ermitteln, mit dem auf die korrespondierenden, in den Vektoren ARTKLANZAHL und ARTKLPREIS abgespeicherten Komponenten mit den Anzahlen und den Preisen zugegriffen werden kann.

Hierfür verwenden wir den uns bereits in seiner monadische Funktion bekannten Operator "ι" in seiner *dyadischen* Form. In diesem Fall wird für den links vom

Operator "ι" zur *Indexmengenbildung* (index of) angegebenen Vektor der Index ermittelt, dessen zugehöriger Vektorwert gleich dem rechts von "ι" aufgeführten Wert ist. Falls es keine Übereinstimmung gibt, so ist die Zahl "(höchster Index + 1)" das Ergebnis dieser Überprüfung.

Zum Beispiel liefert die APL-Anweisung

     123 416 512 713 ι 416

den Ergebniswert "2", weil die Zahl "416" als 2. Komponente innerhalb des vor dem Operator "ι" angegebenen Vektors aufgeführt ist, so daß der Zugriff auf die zugehörigen Größen "Anzahl" und "Preis" über ARTKLANZAHL[2] bzw. ARTKLPREIS[2] erfolgen kann.

Tastatur-Eingabe mit dem Eingabe-Operator "□"

Zur Eingabe einer ganzzahligen Artikelnummer über die Tastatur wird der *Eingabe-Operator* "□" (quad) auf der rechten Seite einer Zuweisung angegeben, wie etwa durch:

     NUMMER ← □

Bei der Ausführung dieser APL-Anweisung meldet sich das APL-System mit der Bildschirmausgabe von:

     □:

Dadurch wird eine Tastatur-Eingabe angefordert, die durch die *Enter*-Taste abzuschließen ist. Nach der Dateneingabe wird der Wert in der Variablen NUMMER gespeichert.

Abfrage-Prozedur (1. Version)

Um eine Bestandsgröße von ARTKLANZAHL im Dialog abfragen zu können, vereinbaren wir unter Einsatz des Eingabe-Operators und des Operators zur Indexmengenbildung die folgende Prozedur BESTAND:[1]

```
[0] ▽ BESTAND ;NUMMER
[1] ⍝ VERSION 1
[2] NUMMER ← □
[3] ARTKLANZAHL[ARTKLNUMMER ι NUMMER]
[4] ▽
```

Im Prozedurkopf führen wir NUMMER als *lokale* Variable auf. Die in der 3. Prozedurzeile angegebenen Variablen ARTKLANZAHL und ARTKLNUMMER sind

---

[1]Das Symbol " ⍝ " wird anschließend erklärt.

global. Sie müssen vor der Prozedurausführung im Arbeitsbereich als Vektoren eingerichtet sein.

Bei der Ausführung der Prozedur BESTAND geben wir den Wert "512" ein, so daß der Dialog durch

```
      BESTAND
□:
      512
5
```

am Bildschirm angezeigt wird.

Kommentare

Wir haben innerhalb der Prozedur BESTAND in der Zeile "[1]" den *Kommentar-Operator* "ᗑ" (lamp) verwendet. Dieser kennzeichnet den nachfolgenden in der Zeile angegebenen Text als Kommentar. Dieser Text enthält erläuternde Angaben über die Prozedur, die vom APL-System bei der Ausführung der Prozedur überlesen werden sollen.

Texte und Text-Vektoren

Um den Dialog mit dem APL-System bei der Ausführung einer Prozedur klar und übersichtlich zu gestalten, wollen wir der Eingabeanforderung "□:" eine Textausgabe wie z.B. "GIB ARTIKELNUMMER" vorausschicken. Ferner wollen wir die Ausgabe der Artikelanzahl durch die Textausgabe von "ARTIKELANZAHL" erläutern und das Prozedurende durch die Ausgabe von "ENDE DER PROZEDUR BESTAND" kennzeichnen.

Grundsätzlich werden *Texte* innerhalb von APL-Anweisungen durch ein *Hochkomma* eingeleitet und abgeschlossen, so daß die Ausgabe der gewünschten Texte durch die Ausführung der Anweisungen

```
      'GIB ARTIKELNUMMER'
```

bzw.

```
      'ARTIKELANZAHL'
```

abgerufen werden kann.

Enthält ein Text selbst das Zeichen Hochkomma ('), so ist es ersatzweise durch zwei aufeinanderfolgende Hochkommata (' ') darzustellen.

Texte können nicht nur als Werte innerhalb von APL-Anweisungen angegeben werden, sondern sie lassen sich darüberhinaus in *Text-Vektoren* als Reihung von Zeichen abspeichern. Dadurch ist es möglich, gezielt auf einzelne Zeichen — über den Vektornamen mit nachfolgender Indexangabe — zuzugreifen.

Somit könnten wir z.B. den Text-Vektor ANFORDERUNG durch die Zuweisung

ANFORDERUNG ← 'GIB ARTIKELNUMMER'

einrichten und ihm den 17 Zeichen langen Text "GIB ARTIKELNUMMER" zuordnen. In diesem Fall erhalten wir durch

ρ ANFORDERUNG

den Wert

17

als Länge des Text-Vektors ANFORDERUNG am Bildschirm angezeigt. Durch die nachfolgende Anweisung

ANFORDERUNG[3]

können wir etwa die Ausgabe des Zeichens "B" abrufen.
Es ist nicht nur möglich, ein einzelnes Zeichen zu adressieren, sondern es kann auch auf mehrere Zeichen gleichzeitig zugegriffen werden.
Zum Beispiel können wir den Textteil "ARTIKEL" durch die Anweisung

ANFORDERUNG[5 6 7 8 9 10 11]

protokollieren lassen.
Texte lassen sich nicht nur durch eine Zuweisung, sondern auch durch die Anwendung des *Formatiere-Operators* "⊤" erzeugen.
So haben wir etwa durch

7 2 ⊤ ARTKLPREIS

die Ausgabe von

50.20 100.50 10.20 80.50

abgerufen. Diese Zeichenkette läßt sich durch

AUSGABE_TEXT ← 7 2 ⊤ ARTKLPREIS

als 28 Zeichen langer Text im Text-Vektor AUSGABE_TEXT abspeichern.

Der Eingabe-Operator " ⎕ "

Sollen *Texte* von der Tastatur eingegeben werden, so läßt sich dies durch die Eingabeanforderung mit dem *Eingabe-Operator* "⎕" (quad) text_vektor ← □

abrufen. Der einzugebende Text ist — zur Kennzeichnung von nichtnumerischen Zeichen — durch ein *Hochkomma* einzuleiten und abzuschließen. Anschließend ist die *Enter*-Taste zu drücken. Wollen wir auf die Eingabe von Hochkommata verzichten, so ist anstelle von "□" der *Eingabe-Operator* " ⍞ " (quote quad) einzusetzen, so daß wir in diesem Fall

        text_vektor ← ⍞

anzugeben haben.[2]

Somit erfolgt der Dialog zur Eingabe etwa des Textes "WORT" in die Variable STRING unter Einsatz von " □ " durch:

        STRING ← □

□ : 'WORT'

und unter Einsatz von " ⍞" durch

        STRING ← ⍞

WORT

Zum Abbruch einer Eingabe müssen wir beim Einsatz des Eingabe-Operators " □ " eine *unbedingte Sprunganweisung*[3] "→" ohne Angabe eines Sprungziels eingeben. Zur Unterbrechung einer Eingabeaufforderung ist beim Einsatz des Eingabe-Operators " ⍞" die Tastenkombination "*Ctrl+Break*"[4] zu drücken.

Abfrage-Prozedur (2. Version)

Wir ergänzen die oben angegebene 1. Version der Abfrage-Prozedur durch die Anweisungen zur Textausgabe, indem wir den Definitionsmodus durch

    ∇ BESTAND

einstellen und durch "[1 □ 0]" den Kommentar "VERSION 1" in den Text "VERSION 2" abändern. Durch die Eingabe von

    [1.1]

---

[2] Im Unterschied zum Operator "□" wird beim Eingabe-Operator " ⍞ " keine Eingabeanforderung ("□:") ausgegeben. Es wird vielmehr die Text-Eingabe auf der 1. Zeichenposition der nächsten Bildschirmzeile erwartet.

[3] Siehe weiter unten.

[4] Dies bedeutet, daß die Break-Taste bei gedrückter Ctrl-Taste zu betätigen ist.

in die Zeile "[1]" fügen wir eine neue Zeile zwischen die ursprünglich 1. und 2. Prozedurzeile ein, in die wir die Anweisung

    'GIB ARTIKELNUMMER'

eintragen. In gleicher Weise verwenden wir die Anforderung "[2.1]" zur Einfügung der Anweisung

    'ARTIKELANZAHL'

und "[3.1]" zur Eintragung von

    'ENDE DER PROZEDUR BESTAND'

zwischen die ursprünglich 2. und 3. bzw. 3. und 4. Prozedurzeile. Anschließend liefert die Anforderung "[0 □ 6]" die folgende Bildschirmausgabe:

```
[0] BESTAND ;NUMMER
[1] ⋒ VERSION 2
[2] 'GIB ARTIKELNUMMER'
[3] NUMMER ← □
[4] 'ARTIKELANZAHL'
[5] ARTKLANZAHL[ARTKLNUMMER ι NUMMER]
[6] 'ENDE DER PROZEDUR BESTAND'
```


Der Element-Operator "∈"

Um zu überprüfen, ob eine eingegebene Artikelnummer korrekt ist, d.h. ob sie in den im Vektor ARTKLNUMMER abgespeicherten Artikelnummern als Wert vorkommt, verwenden wir den *Element-Operator* "∈" (membership).

Dieser *dyadische* Operator liefert das Ergebnis "1", falls der links von "∈" aufgeführte Wert in dem rechts von "∈" angegebenen Vektor enthalten ist. Andernfalls resultiert der Ergebniswert "0".

Zum Beispiel liefern

    512 ∈ 123 416 512 713

bzw.

    512 ∈ ARTKLNUMMER

jeweils den Ergebniswert "1", da der Wert "512" in dem rechts von "∈" angegebenen Vektor als Wert auftritt. Dagegen ergibt sich durch

    513 ∈ 123 412 512 713

der Ergebniswert "0", da keiner der aufgereihten Werte mit "513" übereinstimmt. Somit können wir — vor dem Zugriff auf die Bestandsdaten — eine Überprüfung der in der Variablen NUMMER enthaltenen Artikelnummer durch die Ausführung von

$$\text{NUMMER} \in \text{ARTKLNUMMER}$$

vornehmen.

Struktogramm-Darstellung

Im folgenden übernehmen wir diese Überprüfung der eingegebenen Artikelnummern in die Prozedur BESTAND. Sofern keine Übereinstimmung mit einem der Werte in ARTKLNUMMER festgestellt werden kann, soll der Text "FALSCHE ARTIKELNUMMER" ausgegeben werden. Wir beschreiben den erforderlichen Programmablauf zunächst graphisch durch das folgende *Struktogramm:*

(1)	Gib den Text "GIB ARTIKELNUMMER" aus
(2)	Lies eine Artikelnummer ein und ordne sie NUMMER zu

(3)   NUMMER in ARTKLNUMMER enthalten ?

ja	nein
(4) Gib den Text "ARTIKELANZAHL" aus	(6) Gib den Text "FALSCHE ARTIKELNUMMER" aus
(5) Gib den Inhalt des Elements von ARTKLANZAHL aus, dessen Position mit der Stelle übereinstimmt, an welcher der Inhalt von NUMMER im Vektor ARTKLNUMMER als Element enthalten ist	

(7) Gib den Text "ENDE DER PROZEDUR BESTAND" aus

Bevor wir erläutern, aus welchen Bausteinen dieses Struktogramm besteht und wie die einzelnen Bausteine in ein APL-Programm umzusetzen sind, formen wir den Inhalt des Struktogramms in die Sprachelemente von APL um:

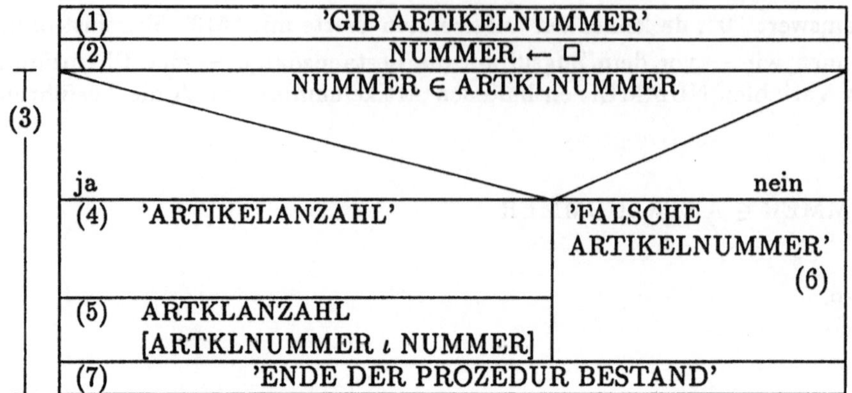

Dieses Struktogramm besteht aus den einfachen Strukturblöcken (1), (2), (4), (5), (6), (7) und dem Bedingung-Strukturblock (3). Die *einfachen Strukturblöcke* enthalten ausführbare APL-Anweisungen.

Der *Bedingungs-Strukturblock* beschreibt eine mögliche *Programmverzweigung*. In Abhängigkeit von der angegebenen Bedingung "NUMMER ∈ ARTKLNUMMER" wird der Programmablauf entweder im *Ja-Zweig* (die Bedingung trifft zu) mit der Ausführung der Blöcke (4) und (5) oder aber im *Nein-Zweig* (die Bedingung trifft nicht zu, d.h. sie ist nicht erfüllt) mit dem Strukturblock (6) fortgesetzt.

Sprunganweisung und Marken

Bei der Umsetzung der im Struktogramm beschriebenen Anforderungen ergibt sich gegenüber unserer bisherigen Vorgehensweise eine Änderung. Bislang haben wir stets den Inhalt einer Prozedur als *linearen Programmablauf* formuliert, d.h. es wird nach der Ausführung einer APL-Anweisung die in der nächsten Prozedurzeile enthaltene Anweisung bearbeitet. Jetzt muß in Abhängigkeit der Bedingung, ob die eingegebene Artikelnummer im Vektor ARTKLNUMMER enthalten ist "(NUMMER ∈ ARTKLNUMMER)" in den Ja- bzw. in den Nein-Zweig des Bedingungs-Strukturblocks verzweigt werden.

Zur Durchführung von Verzweigungen stehen in APL die *unbedingte Sprunganweisung* in der Form[5]

→ marke

und die *bedingte Sprunganweisung* in der Form

→ (bedingung) / marke

---

[5] "marke" ist der Platzhalter für eine Marke im Programm, siehe weiter unten. Falls die Ausführung einer Prozedur wegen eines Fehlers unterbrochen wird, so können wir die Prozedur durch die Eingabe einer unbedingten Sprunganweisung in der Form "→0" oder abgekürzt "→" abbrechen, siehe Kapitel 12.

zur Verfügung.

Dabei verstehen wir unter einer *Marke* ein durch einen Namen vereinbartes *Sprungziel*. Eine Marke muß den Bildungsregeln von Variablennamen genügen, eindeutig und vor einer APL-Anweisung eingetragen sein. Als Trennungssymbol zwischen Marke und Anweisung ist der *Doppelpunkt* " : " zu setzen.

Bei der Ausführung einer unbedingten Sprunganweisung wird in jedem Fall an die durch die Marke gekennzeichnete Zeile gesprungen, während bei einer bedingten Sprunganweisung die Verzweigung vom Zutreffen einer Bedingung abhängig gemacht wird. Es wird nur dann verzweigt, wenn die Bedingung erfüllt ist.

Abfrage-Prozedur (3. Version)

Durch den Einsatz von bedingter und unbedingter Sprunganweisung leiten wir aus dem oben angegebenen Struktogramm die folgende 3. Version der Prozedur BESTAND ab:

```
[0] BESTAND ;NUMMER
[1] ⍝ VERSION 3
[2] 'GIB ARTIKELNUMMER'
[3] NUMMER ← ⎕
[4] → (NUMMER ∈ ARTKLNUMMER) / AUSGABE
[5] 'FALSCHE ARTIKELNUMMER'
[6] → SCHLUSS
[7] AUSGABE: 'ARTIKELANZAHL'
[8] ARTKLANZAHL[ARTKLNUMMER ι NUMMER]
[9] SCHLUSS:
[10] 'ENDE DER PROZEDUR BESTAND'
```

In Zeile "[4]" wird die in den Klammern "(" und ")" enthaltene Bedingung überprüft. Trifft diese Bedingung zu, so erfolgt ein Sprung zu der hinter dem Schrägstrich "/" angegebenen Marke AUSGABE, d.h. zur Anweisung in der Zeile "[7]". Dort wird die hinter AUSGABE aufgeführte Anweisung bearbeitet. Danach werden die Zeilen "[8]", "[9]" und "[10]" linear durchlaufen.

Das durch die Marke "SCHLUSS" gekennzeichnete Sprungziel ist dann von Bedeutung, wenn in Zeile "[4]" bei der Auswertung der aufgeführten Bedingung keine Übereinstimmung festgestellt wird. In diesem Fall wird nicht zur Zeile "[7]" verzweigt, sondern die nächste Anweisung in Zeile "[5]" ausgeführt. Anschließend erfolgt in Zeile "[6]" ein unbedingter Sprung in die Zeile "[9]", da diese Zeile durch die in der Sprung-Anweisung eingetragene Marke "SCHLUSS" markiert ist. Anschließend wird die Ausgabe von "ENDE DER PROZEDUR BESTAND" vorgenommen und die Prozedur BESTAND beendet.

Verzweigungen

Die von uns angegebene Sprunganweisung

$\to$ (bedingung) / marke

ist ein Spezialfall der *allgemeinen Form* einer *bedingten Sprunganweisung*:

$\to$ ((bedingung_1) [,(bedingung_2)] ...) / marke_1 [,marke_2] ...

Dabei muß die Anzahl der aufgeführten Bedingungen mit der Anzahl der angegebenen Marken übereinstimmen. Die Bedingungen werden von "links nach rechts" untersucht. Die erste zutreffende Bedingung legt das *Sprungziel* fest. Es wird zu der Marke verzweigt, deren Position in der Liste der aufgeführten Marken mit der Position der zutreffenden Bedingung übereinstimmt.

Anstelle von Markennamen dürfen auch *Zeilennummern* von Prozedurzeilen in der Form

$\to$ ((bedingung_1) [,(bedingung_2)]...) / ganzzahl_1 [,ganzzahl_2]...

als Marken verwendet werden. Dies hat jedoch den Nachteil, daß der aufgeführte (ganzzahlige) Zahlenwert — eine Zeilennummer — bei jeder Prozeduränderung evtl. geeignet zu modifizieren ist.

Bedingungen und logische Operatoren

In der Prozedur BESTAND haben wir den Ausdruck

NUMMER $\in$ ARTKLNUMMER

als erstes Beispiel für eine *Bedingung* kennengelernt. Weitere Beispiele für Bedingungen sind die *Vergleichsbedingungen*. Sie lassen sich in der Form

ausdruck_1   vergleichsoperator   ausdruck_2

mit dem Vergleichsoperator ">" (größer), "$\geq$" (größer oder gleich), "<" (kleiner), "$\leq$" (kleiner oder gleich), "=" (gleich) und "$\neq$" (ungleich) für skalare Ausdrücke "ausdruck_1" und "ausdruck_2" angeben.

In APL ist jeder Bedingung ein *Ergebniswert* zugeordnet — der Wert "1" beim Zutreffen der Bedingung und der Wert "0", falls die Bedingung nicht erfüllt ist.

Auf der Basis dieser Vereinbarung resultiert für zwei gleichlange Vektoren aus der Bedingung

vektor_1   vergleichsoperator   vektor_2

ein *Ergebnisvektor*, dessen Elemente ("0" oder "1") sich aus dem *komponentenweisen* Vergleich der beiden Vektoren ergeben.

Darüberhinaus ist auch ein Vergleich zwischen Vektor und skalarer Größe erlaubt. Das Ergebnis ist in diesem Fall ebenfalls ein Vektor, dessen Elemente sich aus dem komponentenweisen Vergleich mit der skalaren Größe ergeben.

Gibt es etwa für alle Artikel einen einheitlichen Mindestbestand — etwa die Anzahl "5" —, so resultiert (für den Vektor ARTKLANZAHL mit den Werten "10 20 5 2") aus dem Vergleich mit dem Skalar "5" in der Form

$$ARTKLANZAHL < 5$$

der Ergebnisvektor:

$$0\ 0\ 0\ 1$$

Dies bedeutet, daß der Mindestbestand des 4. Artikels unterschritten ist.

Ist der Mindestbestand für jeden Artikel einzeln festgelegt, etwa durch den Mindestbestandsvektor "6 5 10 2", so liefert

$$ARTKLANZAHL < 6\ 5\ 10\ 2$$

das Ergebnis:

$$0\ 0\ 1\ 0$$

Durch die Verwendung des logischen Operators "$\wedge$" können wir etwa durch[6]

$$(ARTKLANZAHL[1] \geq 6) \wedge (ARTKLANZAHL[2] \geq 5) \wedge$$
$$(ARTKLANZAHL[3] \geq 10) \wedge (ARTKLANZAHL[4] \geq 2)$$

abfragen, ob für irgendeinen Artikel ein Fehlbestand vorliegt. Ist dies der Fall, so liefert diese Bedingung den Wert "0".

Dabei trifft eine durch den *logischen Und-Operator* "$\wedge$" angegebene Bedingung der Form

$$bedingung\_1 \wedge bedingung\_2$$

genau dann — mit dem Ergebniswert "1" — zu, wenn beide als Operanden angegebenen Bedingungen erfüllt sind — andernfalls wird stets der Wert "0" als Ergebnis ermittelt.

Mit Hilfe des logischen Operators "$\vee$" können wir folgende Bedingung formulieren:

---

[6] Aus darstellungstechnischen Gründen ist die folgende Anweisung in 2 Zeilen angegeben. Eine derartige Aufteilung nehmen wir in der Folge — ohne dies besonders zu erwähnen — immer dann vor, wenn eine Prozedurzeile länger ist als eine Druckzeile.

$$(\text{ARTKLANZAHL}[1] \geq 6) \lor (\text{ARTKLANZAHL}[2] \geq 5) \lor$$
$$(\text{ARTKLANZAHL}[3] \geq 10) \lor (\text{ARTKLANZAHL}[4] \geq 2)$$

Jetzt kennzeichnet der Ergebniswert "1", daß mindestens eine Artikelanzahl über dem Mindestbestand liegt. Der Wert "0" gibt an, daß für alle Artikel der Mindestbestand unterschritten ist.

Eine durch den *logischen Oder-Operator* "∨" beschriebene Bedingung

$$\text{bedingung\_1} \lor \text{bedingung\_2}$$

ist genau dann erfüllt, wenn mindestens eine der beiden aufgeführten Bedingungen zutrifft.

Als weitere dyadische logische Operatoren gibt es in APL die Operatoren "⩙" (negiertes logisches Und) und "⩛" (negiertes logisches Oder). Es liefert

$$\text{bedingung\_1} \; ⩙ \; \text{bedingung\_2}$$

genau dann den Ergebniswert "1", wenn *nicht* beide Bedingungen zutreffen. Für

$$\text{bedingung\_1} \; ⩛ \; \text{bedingung\_2}$$

ergibt sich genau dann der Ergebniswert "1", wenn *beide* Bedingungen *nicht* zutreffen.

Die *Verneinung einer Bedingung* wird durch den monadischen Operator "∼" vorgenommen. Dabei liefert

$$\sim \text{bedingung}$$

bei einer erfüllten Bedingung den Wert "0". Trifft die Bedingung nicht zu, ergibt sich der Wert "1".

Somit ist etwa

$$(\text{ARTKLANZAHL}[1] < 6) \land (\text{ARTKLANZAHL}[2] < 5) \land$$
$$(\text{ARTKLANZAHL}[3] < 10) \land (\text{ARTKLANZAHL}[4] < 2)$$

dann erfüllt, wenn

$$\sim ((\text{ARTKLANZAHL}[1] < 6) \land (\text{ARTKLANZAHL}[2] < 5) \land$$
$$(\text{ARTKLANZAHL}[3] < 10) \land (\text{ARTKLANZAHL}[4] < 2))$$

oder gleichbedeutend damit

$$(\text{ARTKLANZAHL}[1] \geq 6) \lor (\text{ARTKLANZAHL}[2] \geq 5) \lor$$
$$(\text{ARTKLANZAHL}[3] \geq 10) \lor (\text{ARTKLANZAHL}[4] \geq 2)$$

nicht zutrifft.

6.2   Löschen von Bestandsdaten

Ermittlung eines Indexwerts

Sollen zu einer vorgegebenen Artikelnummer sämtliche Bestandsdaten gelöscht werden, so sind in den Vektoren ARTKLNUMMER, ARTKLANZAHL und ARTKLPREIS die in der jeweiligen Reihung an der betreffenden Position enthaltenen Komponenten zu entfernen. Enthält NUMMER die betreffende Artikelnummer, so wird durch

$$POSITION \leftarrow ARTKLNUMMER \, \iota \, NUMMER$$

der Index der zu löschenden Vektorkomponente ermittelt und der Variablen POSITION zugewiesen.

Hat NUMMER etwa den Wert "512", so ergibt sich — ARTKLNUMMER enthält die Reihung "123 416 512 713" — durch die Ausführung dieser Anweisung für POSITION der Indexwert "3". Somit ist die Reihung neu vorzunehmen, indem die beiden ersten Werte und der vierte Wert dem Vektor ARTKLNUMMER als neue Komponenten zuzuweisen sind.

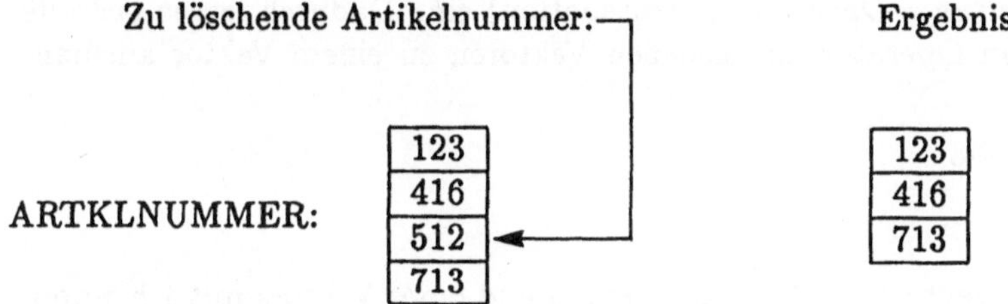

Entnehmen und Entfernen von Werten durch "↑" und "↓"

Das Löschen von Vektorkomponenten wird in APL mit Hilfe des dyadischen *Entnehme-Operators* "↑" (take) und des dyadischen *Entferne-Operators* "↓" (drop) vorgenommen.

So erhalten wir etwa durch

$$2 \uparrow 123 \; 416 \; 512 \; 713$$

den Ergebnisvektor

$$123 \; 416$$

angezeigt.

Die Zahl vor dem Entnehme-Operator gibt an, wieviele Vektorkomponenten aus dem hinter "↑" angegebenen Vektor — mit Beginn des ersten Elements — übernommen werden sollen.

Entsprechend ist beim Einsatz des Entferne-Operators "↓" vor diesem Operator anzugeben, wie viele Komponenten — mit Beginn des ersten Elements — aus der Reihung zu entfernen sind.

So ergibt sich z.B. durch die Anweisung

    3 ↓ 123 416 512 713

ein Vektor mit einer Komponente in der Form

713

weil die ersten 3 Vektorkomponenten entfernt wurden, und somit nur der Wert an der letzten Indexposition als Ergebniswert ermittelt wird.

Verkettung von Werten durch den dyadischen Operator ","

Zum Zusammenfügen der durch den Einsatz von "↑" und "↓" erhaltenen Ergebnisse setzen wir den *Verkettungs-Operator* "," (catenation) ein. Dadurch lassen sich die vor und hinter diesem Operator angegebenen Vektoren zu einem Vektor aneinanderreihen.

So ergibt die Anweisung

    123 416 , 713

zur Verkettung eines Vektors mit 2 Komponenten und eines Vektors mit 1 Komponente den Ergebnisvektor:

123 416 713

Folglich können wir die Löschung des 3. Werts der Reihung "123 416 512 713" durch die Anweisung

    (2 ↑ 123 416 512 713) , (3 ↓ 123 416 512 713)

vornehmen.

Lösch-Prozedur (1. Version)

Die Lösung unserer Aufgabenstellung — Löschen der Bestandsdaten eines Artikels — geben wir durch das folgende Struktogramm an:[7]

---

[7]Der Einfachheit halber setzen wir voraus, daß die eingegebene Artikelnummer als Wert im Vektor ARTKLNUMMER enthalten ist.

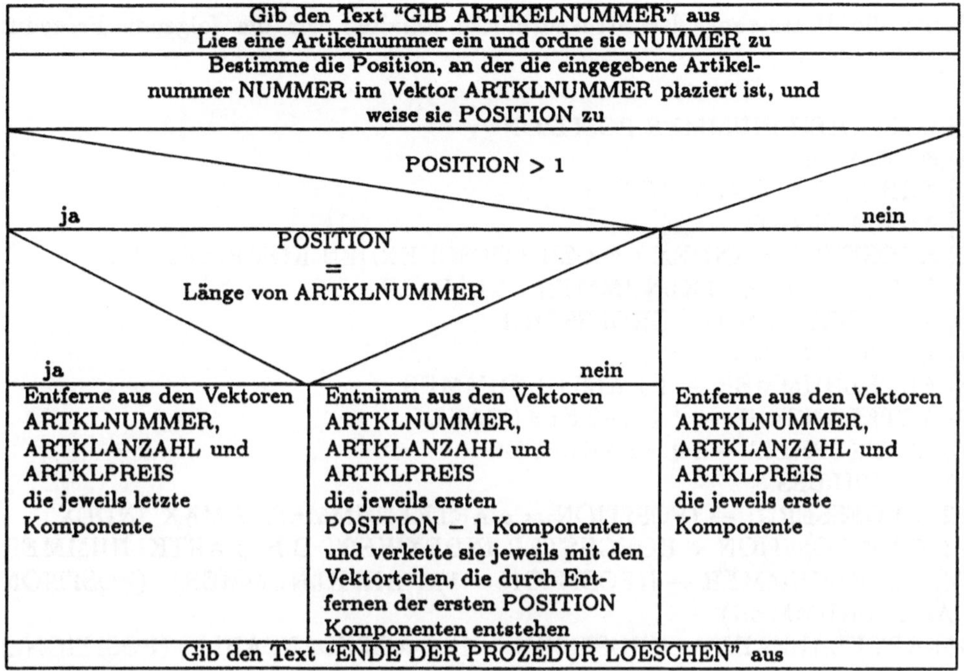

Durch den Einsatz des Entferne-, des Entnehme- und des Verkettungs-Operators läßt sich der Struktogramminhalt wie folgt formalisieren:

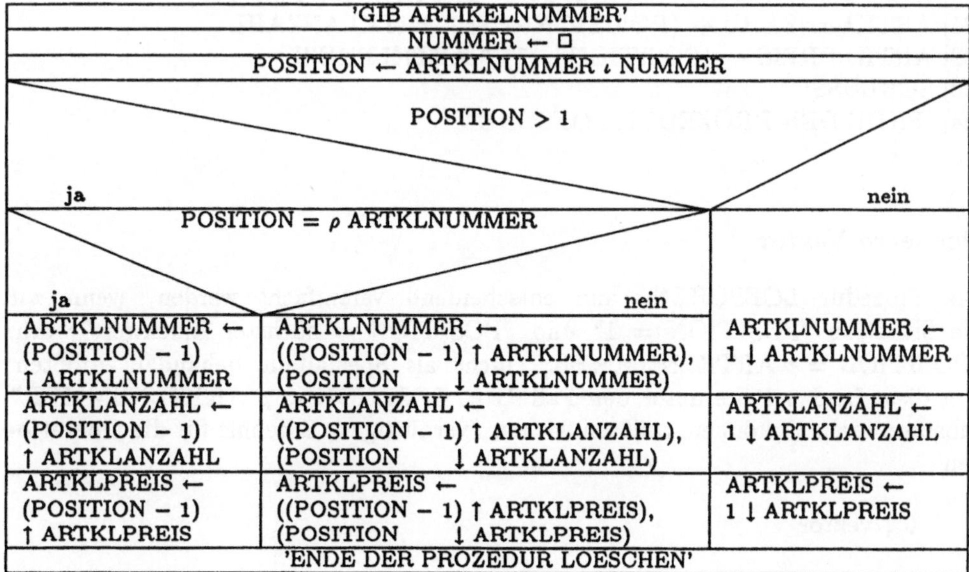

Durch die Umsetzung der Strukturblöcke erhalten wir die folgende Prozedur
LOESCHEN:

```
[0] LOESCHEN ;NUMMER;POSITION
[1] ⍝ VERSION 1
[2] 'GIB ARTIKELNUMMER'
[3] NUMMER ← □
[4] ⍝ POSITION = INDEX DER ZU LOESCHENDEN KOMPONENTE
[5] POSITION ← ARTKLNUMMER ι NUMMER
[6] →(POSITION > 1) / GROESSER_1
[7] ⍝ POSITION = 1
[8] ARTKLNUMMER ← 1 ↓ ARTKLNUMMER
[9] ARTKLANZAHL ← 1 ↓ ARTKLANZAHL
[10] ARTKLPREIS ← 1 ↓ ARTKLPREIS
[11] →SCHLUSS
[12] GROESSER_1: → (POSITION = ρ ARTKLNUMMER) / MAX_INDEX
[13] ⍝ 1 < POSITION < HOECHSTER INDEXWERT D.H. ρ ARTKLNUMMER
[14] ARTKLNUMMER ← ((POSITION − 1) ↑ ARTKLNUMMER) , (POSITION
↓ ARTKLNUMMER)
[15] ARTKLANZAHL ← ((POSITION − 1) ↑ ARTKLANZAHL) , (POSITION ↓
ARTKLANZAHL)
[16]ARTKLPREIS ← ((POSITION − 1) ↑ ARTKLPREIS) , (POSITION ↓
ARTKLPREIS)
[17] →SCHLUSS
[18] MAX_INDEX:
[19] ⍝ POSITION = HOECHSTER INDEXWERT D.H. ρ ARTKLNUMMER
[20] ARTKLNUMMER ← (POSITION − 1) ↑ ARTKLNUMMER
[21] ARTKLANZAHL ← (POSITION − 1) ↑ ARTKLANZAHL
[22] ARTKLPREIS ← (POSITION − 1) ↑ ARTKLPREIS
[23] SCHLUSS:
[24] 'ENDE DER PROZEDUR LOESCHEN'
```

Der leere Vektor

Die Prozedur LOESCHEN kann entscheidend vereinfacht werden, wenn wir
die Situation "POSITION = 1" und "POSITION = höchster Indexwert", d.h.
"POSITION = ρ ARTKLNUMMER," nicht als Spezialfälle behandeln müßten.
Um diese beiden Fälle unter den Fall "1 < POSITION < ρ ARTKLNUMMER"
subsummieren zu können, müßten wir ein "vernüftiges" Ergebnis für die Operationen

        0 ↑ vektor

und

$(\rho \text{ vektor}) \downarrow \text{vektor}$

im Hinblick auf die anschließend durchzuführende Verkettung erhalten.

Das APL-System ermittelt in beiden Fällen als Ergebnisvektor den *leeren Vektor*, der keine Reihung von Werten enthält, aber die Struktur eines Vektors besitzt. Somit ist eine Verkettung mit dieser Größe durchführbar. Als Resultat der Verkettungs-Operation

leerer_vektor , vektor

bzw.

vektor , leerer_vektor

resultiert jeweils der Operand "vektor", d.h. bei der Verkettung mit dem leeren Vektor bleibt der Operand "vektor" in seiner ursprünglichen Form erhalten.

Wir erinnern daran, daß wir — im Kapitel 4 — dem vereinbarten Trace-Vektor zum Ausschalten des Traces den leeren Vektor zugewiesen haben. Neben der von uns verwendeten Anweisung "ι 0" zur Erzeugung des leeren Vektors läßt sich hierzu auch der Operator "ρ" in der dyadischen Form "0 ρ 0" verwenden.

Lösch-Prozedur (2. Version)

Wegen der beschriebenen Eigenschaften der Operatoren "$\uparrow$" und "$\downarrow$" können wir die Prozedurzeilen "[6]" bis "[13]" und "[17]" bis "[23]" in der 1. Version streichen und die folgende vereinfachte Version für die Prozedur LOESCHEN angeben:

```
[0] LOESCHEN ;NUMMER ;POSITION
[1] ⍝ VERSION 2
[2] 'GIB ARTIKELNUMMER'
[3] NUMMER ← □
[4] ⍝ POSITION = INDEX DER ZU LOESCHENDEN KOMPONENTE
[5] POSITION ← ARTKLNUMMER ι NUMMER
[6] ARTKLNUMMER ← ((POSITION – 1) ↑ ARTKLNUMMER) , (POSITION ↓ ARTKLNUMMER)
[7] ARTKLANZAHL ← ((POSITION – 1) ↑ ARTKLANZAHL) , (POSITION ↓ ARTKLANZAHL)
[8] ARTKLPREIS ← ((POSITION – 1) ↑ ARTKLPREIS) , (POSITION ↓ ARTKLPREIS)
[9] 'ENDE DER PROZEDUR LOESCHEN'
```

Der dyadische Komprimiere-Operator "/"

Um eine weitere Variante für die Prozedur LOESCHEN angeben zu können, setzen wir den *Komprimiere-Operator "/"* (compress) ein, der aus speziell gekennzeichneten Werten eines Vektors einen reduzierten Vektor als Ergebnis liefert.
So ergibt sich z.B. durch

    1 1 0 1 / 123 416 512 713

der Ergebnisvektor:

123 416 713

Als Werte für den vor dem Operationszeichen "/" aufgeführten Vektor sind nur die Werte "1" und "0" zugelassen. Die Längen der vor und hinter dem Operator "/" angegebenen Vektoren müssen übereinstimmen. Der Ergebnisvektor enthält alle Werte, denen eine "1" zugeordnet ist. Alle mit "0" korrespondierenden Werte werden entfernt.
Somit können wir durch die Anweisung

    ARTKLNUMMER ← HILFE / ARTKLNUMMER

eine Komponente aus dem Vektor ARTKLNUMMER löschen, sofern der Vektor HILFE an der zu löschenden Indexposition den Wert "0" und den Wert "1" an allen anderen Indexpositionen enthält.

Bildung eines Vektors mit dem dyadischen Strukturiere-Operator "ρ"

Um eine 3. Variante der Prozedur LOESCHEN angeben zu können, lernen wir jetzt kennen, wie sich ein Vektor einrichten läßt, der die Länge des Vektors ARTKLNUMMER hat und für jeden Index den Wert "1" besitzt. Dazu verwenden wir den *Strukturiere-Operator "ρ"* (reshape) in seiner *dyadischen* Form. In diesem Fall bestimmt die Zahl vor dem Zeichen "ρ" die Vektorlänge des resultierenden Vektors. Die Zahl hinter "ρ" legt den Wert fest, der jedem Index zugewiesen werden soll.
So ergibt sich etwa durch die Anweisung

    4 ρ 1

die Bildschirmausgabe:

1 1 1 1

Um einen Vektor mit der gleichen Länge wie die Variable ARTKLNUMMER einzurichten und dessen sämtlichen Komponenten den Wert "1" zuzuweisen, ist somit der Ausdruck

$$(\rho \text{ ARTKLNUMMER}) \ \rho \ 1$$

zu bilden.

Lösch-Prozedur (3. Version)

Als Alternative zu der oben angegebenen 2. Version der Prozedur LOESCHEN geben wir mit Hilfe der dyadischen Operatoren "/" und "ρ" die folgende Prozedur zur Löschung einer Vektorkomponente an:

```
[0] LOESCHEN ;NUMMER ;HILFE
[1] ⍝ VERSION 3
[2] 'GIB ARTIKELNUMMER'
[3] NUMMER ← □
[4] HILFE ← (ρ ARTKLNUMMER) ρ 1
[5] HILFE[ARTKLNUMMER ι NUMMER] ← 0
[6] ARTKLNUMMER ← HILFE / ARTKLNUMMER
[7] ARTKLANZAHL ← HILFE / ARTKLANZAHL
[8] ARTKLPREIS ← HILFE / ARTKLPREIS
[9] 'ENDE DER PROZEDUR LOESCHEN'
```


6.3   Erfassen von Bestandsdaten

Zur Ergänzung der vorhandenen Bestandsdaten wollen wir eine Prozedur entwickeln, mit der die jeweiligen Artikeldaten dialogorientiert eingegeben werden können. Ferner soll auch der Spezialfall — die Vektoren ARTKLNUMMER, ARTKLANZAHL und ARTKLPREIS sind noch nicht im Arbeitsbereich vorhanden — behandelt werden, so daß diese Prozedur auch zur erstmaligen Erfassung von Bestandsdaten eingesetzt werden kann.

Struktogramm-Darstellung

Wir unterstellen für das folgende, daß die Variablen ARTKLNUMMER, ARTKLANZAHL und ARTKLPREIS konsistent sind, d.h. sie haben, sofern sie eingerichtet sind, alle die gleiche Länge, und die über einen Index korrespondierenden Werte gehören alle zu demselben Artikel. Auf dieser Basis beschreiben wir die dialogorientierte Datenerfassung durch das folgende Struktogramm:

<table>
<tr><td colspan="2" align="center">existiert ARTKLNUMMER ?</td></tr>
<tr><td>ja</td><td align="right">nein</td></tr>
<tr>
<td>I ← (ρ ARTKLNUMMER) + 1</td>
<td>
Einrichten von ARTKLNUMMER,
ARTKLANZAHL und ARTKLPREIS
als leere Vektoren
<hr>
I ← 1
</td>
</tr>
<tr><td colspan="2" align="center">WEITER ← 'J'</td></tr>
<tr>
<td>solange bis WEITER = 'N'</td>
<td>
ARTKLNUMMER ← ARTKLNUMMER , 0
ARTKLANZAHL ← ARTKLANZAHL , 0
ARTKLPREIS ← ARTKLPREIS , 0
'GIB ARTIKELNUMMER'
ARTKLNUMMER [I] ← □
'GIB ARTIKELANZAHL'
ARTKLANZAHL [I] ← □
'GIB ARTIKELPREIS'
ARTKLPREIS [I] ← □
I ← I + 1
'WEITERE EINGABE ERWUENSCHT (J/N)'
WEITER ← □
</td>
</tr>
<tr><td colspan="2" align="center">'ENDE DER PROZEDUR ERFASSUNG'</td></tr>
</table>

Umsetzung des Schleifenblocks

In diesem Struktogramm haben wir als neue Komponente einen *Schleifenblock* verwendet, den wir durch

<table>
<tr><td colspan="2">solange bis WEITER ='N'</td></tr>
<tr><td></td><td>ARTKLNUMMER ← ARTKLNUMMER , 0</td></tr>
<tr><td></td><td>ARTKLANZAHL ← ARTKLANZAHL , 0</td></tr>
<tr><td></td><td>ARTKLPREIS ← ARTKLPREIS , 0</td></tr>
<tr><td></td><td align="center">...</td></tr>
<tr><td></td><td>WEITER ← □</td></tr>
</table>

dargestellt haben. Bei der Ausführung dieses Blocks werden jeweils mit dem ersten Block

ARTKLNUMMER ← ARTKLNUMMER , 0

beginnend alle nachfolgenden Blöcke bis einschließlich des letzten Blocks

WEITER ← □

solange durchlaufen, bis die Bedingung " WEITER = 'N' " erfüllt ist.

Zur Steuerung des Schleifendurchlaufs richten wir die Variable WEITER durch die Wertzuweisung

WEITER ← 'J'

ein, so daß wir den oben angegebenen Schleifenblock wie folgt umsetzen können:

```
SCHLEIFE:
→ (WEITER = 'N') / SCHLUSS
ARTKLNUMMER ← ARTKLNUMMER , 0
ARTKLANZAHL ← ARTKLANZAHL , 0
ARTKLPREIS ← ARTKLPREIS , 0
...
WEITER ← ▯
→ SCHLEIFE
SCHLUSS:
```

Den Rücksprung an den Schleifenanfang setzen wir durch die unbedingte Sprunganweisung

```
→ SCHLEIFE
```

um. Durch die Bedingung " WEITER = 'N' " überprüfen wir, ob der Schleifen-
durchlauf abzubrechen ist. Bei zutreffender Bedingung verzweigen wir unmittelbar
hinter den Schleifenblock an die Position der Marke "SCHLUSS".

Aufruf von Systemfunktionen

Am Anfang des oben angegebenen Struktogramms muß die Bedingung "existiert
ARTKLNUMMER" im Bedingungsblock überprüft werden. Dazu verwenden wir
eine Funktion, die vom APL-System zur Verfügung gestellt wird. Durch den Funktionsaufruf

```
□NC 'ARTKLNUMMER'
```

wird festgestellt, ob der Vektor ARTKLNUMMER im Arbeitsbereich vorhanden
ist. Existiert ARTKLNUMMER noch nicht, so wird dies durch den Ergebniswert
"0" angezeigt.

Die Funktion "□NC" ist ein Beispiel für eine APL-Systemfunktion. *Systemfunktionen* werden vom APL-System bereitgestellt, damit Indikatoren für bestimmte Sy-
stemzustände — wie etwa die Existenz von Variablen — abgefragt werden können.
Zur Unterscheidung von Funktionen, die von uns im Arbeitsbereich vereinbart werden, wird der Name einer Systemfunktion durch das Zeichen "□" eingeleitet. Hinter
dem Funktionsnamen "□NC" muß der Name der zu überprüfenden Variablen als
Text-Vektor aufgeführt sein.

Erfassungs-Prozedur (1. Version)

Unter Einsatz der Systemfunktion "□NC" setzen wir das oben angegebene Struktogramm in die folgenden Anweisungen der Prozedur ERFASSUNG um:

```
[0] ERFASSUNG ;I;WEITER
[1] ⍙ VERSION 1
[2] → ((□NC 'ARTKLNUMMER') ≠ 0) / EXISTIERT
[3] ARTKLNUMMER ← ARTKLANZAHL ← ARTKLPREIS ← 0 ρ 0
[4] I ← 1
[5] → EINGABE
[6] EXISTIERT:
[7] I ← (ρ ARTKLNUMMER) + 1
[8] EINGABE: WEITER ← 'J'
[9] SCHLEIFE:
[10] → (WEITER = 'N') / SCHLUSS
[11] ARTKLNUMMER ← ARTKLNUMMER , 0
[12] ARTKLANZAHL ← ARTKLANZAHL , 0
[13] ARTKLPREIS ← ARTKLPREIS , 0
[14] 'GIB ARTIKELNUMMER'
[15] ARTKLNUMMER[I] ← □
[16] 'GIB ARTIKELANZAHL'
[17] ARTKLANZAHL[I] ← □
[18] 'GIB ARTIKELPREIS'
[19] ARTKLPREIS[I] ← □
[20] I ← I + 1
[21] 'WEITERE EINGABE ERWUENSCHT (J/N)'
[22] WEITER ← ▨
[23] → SCHLEIFE
[24] SCHLUSS:
[25] 'ENDE DER PROZEDUR ERFASSUNG'
```

Kapitel 7

Das Arbeiten mit Matrizen

7.1 Definition einer Matrix-Struktur

Zur Speicherung der Bestandsdaten haben wir die Vektoren ARTKLNUMMER, ARTKLANZAHL und ARTKLPREIS im Arbeitsbereich eingerichtet, auf deren Komponenten wir jeweils durch die Angabe eines Indexwerts zugreifen.

<table>
<tr><td rowspan="4">ARTKLNUMMER:</td><td>123</td><td rowspan="4">ARTKLANZAHL:</td><td>10</td><td rowspan="4">ARTKLPREIS:</td><td>50.20</td></tr>
<tr><td>416</td><td>20</td><td>100.50</td></tr>
<tr><td>512</td><td>5</td><td>10.20</td></tr>
<tr><td>713</td><td>2</td><td>80.50</td></tr>
</table>

Wir wollen diesen Datenbestand dadurch ergänzen, daß wir zu jedem Artikel auch seinen Artikelnamen für den Zugriff zur Verfügung halten. Jeder Artikelname läßt sich als Text in einem Text-Vektor abspeichern. Da für jeden Artikel somit ein eigener Vektor benötigt wird, ist eine Reihung von Vektoren erforderlich, damit über die Angabe einer geeigneten Positionsnummer auf den jeweiligen Artikelnamen als Vektorinhalt zugegriffen werden kann.

<table>
<tr><td>1. Vektor:</td><td>text_1</td><td rowspan="4">Reihung von
4 Vektoren
gleicher Länge</td></tr>
<tr><td>2. Vektor:</td><td>text_2</td></tr>
<tr><td>3. Vektor:</td><td>text_3</td></tr>
<tr><td>4. Vektor:</td><td>text_4</td></tr>
</table>

Matrix-Struktur

In APL läßt sich diese Vorstellung mit Hilfe der Matrix-Struktur verwirklichen.

Unter einer *Matrix* verstehen wir eine tabellarische Anordnung von Werten, die in Zeilen (1. Koordinate) und Spalten (2. Koordinate) gegliedert ist:

	1. Spalte	2. Spalte	$\cdots$	m. Spalte
1. Zeile			$\cdots$	
2. Zeile			$\cdots$	
$\vdots$			$\cdots$	
n. Zeile			$\cdots$	

Eine Variable mit Matrix-Struktur wird — ebenso wie ein Vektor — durch einen Variablennamen gekennzeichnet. Der Zugriff auf einzelne Komponenten einer Matrix erfolgt über die Angabe einer Zeilen- und einer nachfolgenden Spaltennummer, d.h. eines *Zeilen-* und *Spaltenindexes*. Diese Indexangaben werden durch das *Semikolon* " ; " voneinander getrennt.

Haben wir z.B. eine Matrix mit 4 Zeilen und 13 Spalten mit dem Namen ARTKLNAME eingerichtet und die Artikelnamen in der Form

A	U	S	S	E	N	S	P	I	E	G	E	L
W	I	S	C	H	E	R	M	O	T	O	R	
F	U	S	S	M	A	T	T	E				
K	O	P	F	S	T	U	E	T	Z	E		

abgespeichert (wie wir dies erreichen, zeigen wir unten), so greifen wir etwa durch

ARTKLNAME[2;1]

auf das Zeichen "W" zu, da dieses Zeichen an der Kreuzung der 2. Zeile mit der 1. Spalte abgespeichert ist.

Neben dem Zugriff auf einzelne Werte lassen sich auch ganze Zeilen bzw. Spalten als Reihung der dort plazierten Werte adressieren.

So greifen wir etwa durch

ARTKLNAME[2;]

auf alle 13 Zeichen der 2. Zeile zu, d.h. auf den Text-Vektor "WISCHERMOTOR⌴".

Zeilen und Spalten innerhalb von Matrizen lassen sich dadurch kennzeichnen, daß nur der Zeilen- bzw. nur der Spaltenindex mit nachfolgendem bzw. einleitendem Semikolon " ; " angegeben wird. Durch die Angabe eines *einzigen* Indexes werden implizit *alle* Komponenten einer Koordinate, d.h. einer Zeile bzw. Spalte, angesprochen.

Genau wie bei einem Vektor ist es auch erlaubt, Teilbereiche einer Matrix zu adressieren.

So wird z.B. durch die APL-Anweisung

    ARTKLNAME[3;1 2 3 4]

der Text

FUSS

und durch die Anweisung

    ARTKLNAME[3 4;1 2 3 4]

eine aus 2 Zeilen und 4 Spalten bestehende Matrix mit dem Text

FUSS
KOPF

auf dem Bildschirm ausgegeben.

Bei der Ausgabe von Matrizen werden alle Werte, die in einer Matrix-Zeile enthalten sind, in einer Bildschirmzeile angezeigt.

Einrichtung einer Matrix mit dem Operator "ρ"

Wie beim Einrichten eines Vektors können wir den *Strukturiere-Operator "ρ"* (reshape) in seiner dyadischen Form auch zum Aufbau einer Matrix einsetzen — in unserem Fall etwa durch die Anweisung:

    ARTKLNAME ← 4 13 ρ ' '

Der vor dem Operator "ρ" angegebene Vektor (der Länge 2) legt die Anzahl der Zeilen (1. Komponente) und der Spalten (2. Komponente) fest, die für die unter dem Namen ARTKLNAME abzuspeichernde Matrix einzurichten sind. Die oben angegebene Zuweisung an die Variable ARTKLNAME bestimmt somit, daß die Text-Matrix ARTKLNAME 4 Zeilen und 13 Spalten besitzt.

Als Matrix-Werte werden die hinter dem Operator "ρ" aufgeführten Werte hintereinander — Zeile für Zeile — eingetragen.

Reichen — wie in unserem Fall — die als Operand aufgeführten Werte zur Besetzung der Matrix-Komponenten nicht aus, so werden die als Operanden angegebenen Werte geeignet oft aneinandergereiht und komponentenweise abgespeichert.

In unserem Fall wird also das Leerzeichen solange wiederholt zugewiesen, bis alle Komponenten der Matrix mit diesem Zeichen besetzt sind.

Nach der Einrichtung der Matrix ARTKLNAME erstellen wir durch die zeilenweisen Zuweisungen in der Form

```
ARTKLNAME[1;] ← 'AUSSENSPIEGEL'
ARTKLNAME[2;] ← 'WISCHERMOTOR␣'
ARTKLNAME[3;] ← 'FUSSMATTE␣␣␣␣'
ARTKLNAME[4;] ← 'KOPFSTUETZE␣␣'
```

die oben abgebildete Text-Matrix. Diese Matrix erhalten wir auch dadurch, daß wir zunächst geeignete Text-Vektoren einrichten, etwa durch

```
TEXT1 ← 'AUSSENSPIEGEL'
TEXT2 ← 'WISCHERMOTOR␣'
TEXT3 ← 'FUSSMATTE␣␣␣␣'
TEXT4 ← 'KOPFSTUETZE␣␣'
```

und anschließend einen durch Aneinanderreihung erstellten Vektor der gewünschten Matrix-Struktur zuweisen, etwa durch die Anweisungen:

```
TEXT ← TEXT1 , TEXT2 , TEXT3 , TEXT4
ARTKLNAME ← 4 13 ρ TEXT
```

In diesem Fall wird die im Vektor TEXT enthaltene Zeichenkette nach den Angaben des vor dem Operator "ρ" aufgeführten Vektors strukturiert. Dabei werden die ersten 13 Zeichen als 1. Zeile eingetragen, die nächsten 13 Zeichen als 2. Zeile usw.

Rangwerte und monadischer Strukturiere-Operator "ρ"

Während bei der Einrichtung eines Vektors vor dem dyadischen Operator "ρ" nur ein Wert (zum Festlegen der Vektorlänge) anzugeben ist, muß beim Aufbau einer

Matrix — wie oben angegeben — ein erster Wert für die 1. Koordinate (Zeilenzahl) und ein zweiter Wert für die 2. Koordinate (Spaltenzahl) spezifiziert werden.

Der strukturelle Unterschied zwischen einem Vektor und einer Matrix drückt sich somit durch den *Rangwert* aus, d.h. durch die Anzahl der Indizes, die für den Zugriff auf die jeweiligen Komponenten erforderlich sind.[1]

Weil wir auf eine Vektorkomponente über einen Index und auf eine Matrix-Komponente über zwei Indizes zugreifen (pro Koordinate jeweils ein Indexwert), sagen wir, daß ein Vektor den *Rangwert* "1" und eine Matrix den *Rangwert* "2" besitzt. Da es sich bei einem Skalar um eine unstrukturierte Größe handelt und folglich kein Index, sondern nur der Variablenname für den Zugriff benötigt wird, ist für einen Skalar der Rangwert "0" verabredet.

Soll eine Variable daraufhin überprüft werden, ob es sich um einen Vektor oder um eine Matrix handelt, so kann dazu der Strukturiere-Operator "ρ" in seiner *monadischen* Form eingesetzt werden.

Während bekanntlich aus

ρ vektor

ein Vektor mit einer Komponente — der Vektorlänge — resultiert, erhalten wir durch

ρ matrix

einen Vektor mit zwei Komponenten. Der 1. Wert kennzeichnet die Zeilenzahl, und der 2. Wert gibt die Anzahl der Spalten an.

Somit wird für unsere durch die oben angegebenen Anweisungen aufgebaute Matrix ARTKLNAME durch die Ausführung von

ρ ARTKLNAME

das Ergebnis

4 13

am Bildschirm angezeigt.

---

[1] Der Rangwert ist keine skalare Größe, sondern der Wert eines Vektors mit einer Komponente.

Generell erhalten wir aus der Anwendung des Operators "ρ" auf eine Variable den zugehörigen *Dimensionsvektor*, dessen Komponenten die Anzahl der Indizes pro Koordinate angeben.

Wenden wir den Operator "ρ" auf einen Vektor oder eine Matrix an, so erhalten wir also einen Dimensionsvektor mit ein bzw. zwei Komponenten. Bei einer Matrix gibt die 1. Komponente die Anzahl der Zeilenindizes (für die 1. Koordinate) und die 2. Komponente die Anzahl der Spaltenindizes (für die 2. Koordinate) an. Folglich führt eine zweimalig hintereinander ausgeführte Anwendung des Operators "ρ" bei einem Vektor zum Rangwert "1" und bei einer Matrix zum Rangwert "2".

Bei einem Skalar liefert

$$\rho \ \text{skalar}$$

den *leeren* Vektor, d.h. eine Größe mit Vektor-Struktur ohne Komponenten. Bei der Ausgabe des leeren Vektors wird ein Leerzeichen ausgegeben, d.h. die Bildschirmzeile bleibt leer. Wenden wir den Operator "ρ" auf den leeren Vektor an, so erhalten wir den Wert "0", so daß aus

$$\rho \ \rho \ \text{skalar}$$

der Rangwert "0" als Ergebniswert resultiert.

Somit lassen sich die Strukturen von Variablen durch die zweimalige Ausführung des Operators "ρ" wie folgt charakterisieren:

Eine Variable ist

- genau dann ein Skalar, wenn "$\rho \ \rho$ variable" den Wert "0" ergibt,
- genau dann ein Vektor, wenn "$\rho \ \rho$ variable" gleich "1" ist, und
- genau dann eine Matrix, wenn "$\rho \ \rho$ variable" den Wert "2" liefert.

In APL können auch Strukturen vereinbart werden, deren Rangwert größer als 2 ist. So läßt sich z.B. durch die Anweisung

$$\text{HOCHREGAL} \leftarrow 2\ 3\ 5 \ \rho \ 1\ 2\ 3\ 4\ 5$$

die Variable HOCHREGAL vereinbaren, die aus 2 Blöcken besteht. Jeder *Block* besitzt die Struktur einer Matrix, bestehend aus 3 Zeilen und 5 Spalten:

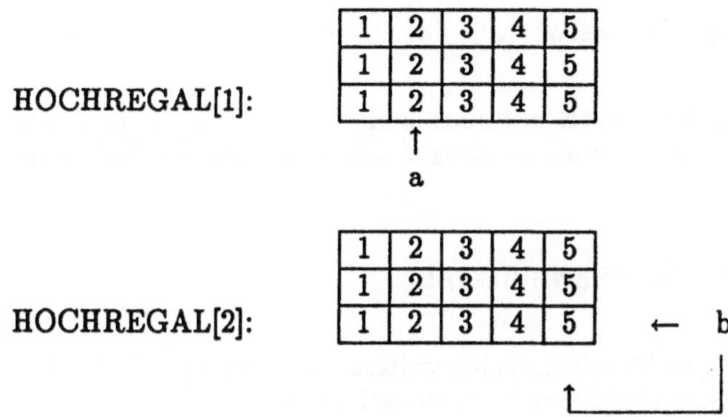

In dieser Situation wird etwa durch HOCHREGAL[2;3;5] das durch "b" gekennzeichnete Element (mit dem Wert "5") und durch HOCHREGAL[1; ;2] die durch
"a" markierte Spalte bezeichnet. Der Rangwert von HOCHREGAL ergibt sich
wegen

$$\rho\,\rho\ \text{HOCHREGAL} \equiv \rho\ 2\ 3\ 5 \equiv 3$$

zum Wert "3", weil jede einzelne Komponente von HOCHREGAL durch 3 In-
dexwerte identifiziert wird. Auf Strukturen vom Rangwert "3" oder auch von einem
höheren Rangwert können die APL-Operatoren genauso angewandt werden wie auf
einen Skalar, einen Vektor oder auf eine Matrix. Die dabei zu beachtenden Regeln
sind im Anhang unter A.1 — bei der summarischen Beschreibung der Operatoren
— zusammengestellt.

7.2 Änderung einer Matrix-Struktur

Im Abschnitt 6.3 haben wir die Prozedur ERFASSUNG entwickelt, mit der sich
Artikeldaten in den Bestand eintragen lassen. Wir wollen diese Prozedur ergänzen,
so daß auch Artikelnamen mit erfaßt und in der Text-Matrix ARTKLNAME gespeichert werden können. Dazu müssen wir zunächst festlegen, wie lang Artikelnamen
maximal sein dürfen. Für unsere Anwendung verabreden wir eine maximale Na-
menslänge von 13 Zeichen.

Im folgenden geben wir verschiedene Verfahren an, mit denen wir eine Matrix mit
Artikelnamen in der oben angegebenen Struktur aufbauen und mit Texten füllen
können. Dazu stellen wir verschiedene Operatoren vor, die sich in APL zur Verarbeitung von Matrizen einsetzen lassen.

Der dyadische Verkettungs-Operator ","

Um eine Matrix namens ARTKLNAME mit einer Zeile und 13 Spalten (mit dem Text "AUSSENSPIEGEL") einzurichten, verwenden wir den Operator "ρ" in der dyadischen Form:

ARTKLNAME ← 1 13 ρ 'AUSSENSPIEGEL'

Zur Ergänzung dieser einzeiligen Matrix um eine weitere Zeile, bietet sich der Einsatz des *dyadischen Verkettungs-Operators* "," (catenation) an.

Durch die Anweisung

ARTKLNAME ← ARTKLNAME , 1 13 ρ ' '

erhalten wir für ARTKLNAME die folgende einzeilige Matrix:

A	U	S	S	E	N	S	P	I	E	G	E	L				...				

Die Verkettung wird stets spaltenorientiert durchgeführt, d.h. die Verkettung orientiert sich am Spaltenindex — in diesem Fall liefert "ρ ARTKLNAME" den Ergebnisvektor "1 26".

Dieses Ergebnis ist unbefriedigend, da wir ein Ergebnis in der Form

ARTKLNAME:

A	U	S	S	E	N	S	P	I	E	G	E	L

anstreben.

Der Operator "⍉" zum Transponieren von Matrizen

Zum *Transponieren* einer Matrix, d.h. zum Vertauschen von Zeilen und Spalten, steht in APL der *Transponiere-Operator* "⍉" (transpose) zur Verfügung.

Dabei resultiert aus

⍉matrix

für eine Matrix mit n Zeilen und m Spalten der Form

matrix[1;1]	matrix[1;2]	$\cdots$	matrix[1;m]
matrix[2;1]	matrix[2;2]	$\cdots$	matrix[2;m]
$\vdots$	$\vdots$	$\ddots$	$\vdots$
matrix[n;1]	matrix[n;2]	$\cdots$	matrix[n; m]

die Matrix

matrix[1;1]	matrix[2;1]	$\cdots$	matrix[n;1]
matrix[1;2]	matrix[2;2]	$\cdots$	matrix[n;2]
$\vdots$	$\vdots$	$\ddots$	$\vdots$
matrix[1;m]	matrix[2;m]	$\cdots$	matrix[n; m]

mit m Zeilen und n Spalten. Die ursprünglich 1. Zeile ist zur 1. Spalte geworden, die ursprünglich 2. Zeile zur 2. Spalte usw.

Transponieren wir die einzeilige Matrix ARTKLNAME[1;] durch

$$\text{ARTKLNAME} \leftarrow \lozenge\text{ARTKLNAME}$$

so erhalten wir die Matrixspalte ARTKLNAME[;1]. Die anschließende Verkettung unter Einsatz des dyadischen Verkettungs-Operators "," in der Form

$$\text{ARTKLNAME} \leftarrow \text{ARTKLNAME} , 13 \; 1 \; \rho \; ' \; '$$

ergibt somit die folgende Matrix mit 13 Zeilen und 2 Spalten:

A	
U	
S	
S	
E	
N	
S	
P	
I	
E	
G	
E	
L	

Wenden wir auf diese Matrix erneut den Operator "⍉" in der Form

$$\text{ARTKLNAME} \leftarrow \text{⍉ARTKLNAME}$$

an, so erhalten wir die aus zwei Zeilen und 13 Spalten bestehende Matrix

A	U	S	S	E	N	S	P	I	E	G	E	L

als erwünschtes Ergebnis. Insgesamt läßt sich die Matrix ARTKLNAME folglich durch die Anweisung

$$\text{ARTKLNAME} \leftarrow \text{⍉((⍉ARTKLNAME)}, 13\ 1\ \rho\ '\ ')$$

um eine aus Leerzeichen bestehende Zeile ergänzen.

Der monadische Reihungs-Operator "," zur Vektorisierung einer Matrix

Als weitere Variante zur Anfügung einer Zeile an eine Matrix geben wir ein Verfahren an, bei dem wir ohne das Transponieren ("⍉") auskommen. Dazu wenden wir den monadischen *Reihungs-Operator* "," an. Durch die Anweisung

$$,\ \text{matrix}$$

wird ein Vektor erzeugt, der durch die Reihung der Matrix-Zeilen gebildet wird. Diese Reihung beginnt mit den Werten der 1. Matrix-Zeile, es folgen die Werte der 2. Zeile usw.

So ergibt sich z.B. aus der Matrix

ARTKLNAME:

A	U	S	S	E	N	S	P	I	E	G	E	L
W	I	S	C	H	E	R	M	O	T	O	R	

durch

$$,\ \text{ARTKLNAME}$$

der Text-Vektor:

AUSSENSPIEGELWISCHERMOTOR␣

Die Länge dieses Vektors bestimmt sich aus dem Produkt der aktuellen Zeilenzahl "2" und der Spaltenanzahl "13". Wir verlängern den durch ",ARTKLNAME" gebildeten Vektor durch die Anweisung

$$(, \text{ARTKLNAME}), 13 \, \rho \, ' \, '$$

um 13 Komponenten, die mit dem Leerzeichen besetzt sind. Daraus bauen wir wiederum eine Matrix aus 13 Spalten auf, indem wir den dyadischen Strukturiere-Operator "ρ" auf das Ergebnis anwenden. Insgesamt läßt sich die gewünschte Matrix-Erweiterung somit durch die Ausführung der Anweisung

$$2 \; 13 \, \rho \, (\, , \text{ARTKLNAME}), 13 \, \rho \, ' \, '$$

erhalten.

Der Expandiere-Operator "\[ ]" zur Erweiterung einer Struktur

Als weitere Alternative stellen wir den *Expandiere-Operator* "\[ ]" (expand) vor, durch den Vektoren und Matrizen erweitert werden können.

So erhalten wir z.B. durch die Ausführung von

```
ARTKLNAME ← 1 13 ρ 'AUSSENSPIEGEL'
ARTKLNAME ← 1 0 \[1] ARTKLNAME
```

die zweizeilige Matrix ARTKLNAME

A	U	S	S	E	N	S	P	I	E	G	E	L

deren erste Zeile um eine zweite mit Leerzeichen besetzte Zeile ergänzt ist.

Bei der Anweisung

```
vektor \[1] matrix
```

gibt der durch "[" und "]" eingeklammerte Wert "1" an, daß die Ergänzung entlang des 1. Indexes, d.h. zeilenorientiert, vorgenommen werden soll. Der vor dem Symbol "\" aufgeführte Vektor darf nur Nullen und Einsen enthalten. Jeder Vektorwert "1" identifiziert eine Zeile der aufgeführten Matrix — die zuerst auftretende "1" die erste Matrix-Zeile, eine anschließend vorhandene "1" die zweite Matrix-Zeile usw. Jede Null legt die Position fest, an der eine Zeile in die Struktur einzufügen ist. Dabei muß beachtet werden, daß die Anzahl der Einsen und die Anzahl der aktuell vorhandenen Zeilen der Matrix übereinstimmen. Die Komponenten jeder Zeile werden bei einer Text-Matrix durch Leerzeichen und bei einer Zahlen-Matrix durch den Wert "0" vorbesetzt.

So können wir etwa durch

$$1\ 0\ 1 \setminus [1]\ (2\ 2\ \rho\ \text{'1'})$$

eine neue Zeile in die Ausgangsmatrix mit dem Ergebnis

1	1
1	1

einfügen lassen. Da der Operator entlang des 1. Indexes angewandt werden soll, läßt sich die oben angegebene Anweisung auch in der Form

$$1\ 0\ 1\ \diagdown\!\!/\ (2\ 2\ \rho\ \text{'1'})$$

schreiben, d.h. "\ [1]" kann durch den Operator "$\diagdown\!\!/$" ersetzt werden. Entsprechend läßt sich eine spaltenorientierte Erweiterung — entlang des 2. Indexes — durch die Angabe von "\[2]" — abkürzbar durch "\" — abrufen, so daß sich z.B. durch

$$1\ 0\ 1 \setminus (2\ 2\ \rho\ \text{'1'})$$

die Text-Matrix

1		1
1		1

ergibt.

In unserem Fall ist beim Einsatz des Expandiere-Operators zu bedenken, daß wir die Zeilenergänzung der Matrix ARTKLNAME von der jeweils aktuellen Zeilenzahl abhängig machen müssen. Somit ist der vor dem Operator "\ [ ]" aufzuführende Vektor zunächst mit Hilfe des dyadischen Strukturiere-Operators "ρ" und des dyadischen Komprimiere-Operators "/" (zur Bestimmung der Zeilenzahl der Matrix) sowie des dyadischen Verkettungs-Operators "," in der Form

$$((1\ 0\ /\ \rho\ \text{ARTKLNAME})\ \rho\ 1)\ ,\ 0$$

aufzubauen, so daß wir die Zeilenergänzung von ARTKLNAME insgesamt durch die Anweisung

$$\text{ARTKLNAME} \leftarrow (((1\ 0/\rho\ \text{ARTKLNAME})\ \rho\ 1)\ ,\ 0)\ \backslash\ [1]\ \text{ARTKLNAME}$$

abrufen können.

Der Operator ",[ ]" zur Verkettung von Matrizen

Als weitere Alternative für das Anfügen einer Zeile an eine Matrix wenden wir den dyadischen *Verkettungs-Operator* "," (catenation) mit der zusätzlichen Verknüpfungsvorschrift an, ob zeilen- oder spaltenweise verkettet werden soll. Dazu ergänzen wir das Symbol "," durch die Angabe "[indexwert]", wie wir es beim Expandiere-Operator kennengelernt haben.

Soll die Matrix "matrix_2" an die Matrix "matrix_1" spaltenorientiert angefügt werden, so müssen beide Matrizen die gleiche Zeilenzahl besitzen. Die Aneinanderkettung erfolgt durch die Ausführung der Anweisung

$$\text{matrix\_1}\ ,[2]\ \text{matrix\_2}$$

Da die Verkettung entlang des 2. Indexes voreingestellt ist, resultiert die gleiche Ergebnis-Matrix wie bei der Ausführung der Anweisung:

$$\text{matrix\_1}\ ,\ \text{matrix\_2}$$

Folglich erzeugen wir z.B. durch

$$\text{matrix\_1} \leftarrow (2\ 3\ \rho\ 1)\ ,[2]\ (2\ 2\ \rho\ 2)$$

ebenso wie durch

matrix_2 ← (2 3 ρ 1) , (2 2 ρ 2)

die Matrix:

1	1	1	2	2
1	1	1	2	2

Soll zeilenorientiert — entlang des 1. Indexes — verkettet werden, so müssen wir die Anweisung

    matrix_1 ,[1] matrix_2

ausführen lassen. Dies setzt voraus, daß beide Matrizen die gleiche Spaltenzahl besitzen.

So wird etwa durch die Ausführung von

    matrix_3 ← (2 3 ρ 1) ,[1] (3 3 ρ 2)

die Matrix

1	1	1
1	1	1
2	2	2
2	2	2
2	2	2

erzeugt.

Durch die Ausführung der zeilenorientierten Verkettung ergänzen wir die Matrix ARTKLNAME durch die Anweisung

    ARTKLNAME ← ARTKLNAME ,[1] (1 13 ρ ' ')

um 1 Zeile und besetzen dabei die neuen Komponenten mit dem Leerzeichen.

Erfassungs-Prozedur (2. Version)

Diese mit dem Operator ",[ ]" durchgeführte Matrix-Ergänzung erscheint uns am wenigsten aufwendig, so daß wir zur zusätzlichen Erfassung der Artikelnamen die im

Kapitel 6.3 angegebene Prozedur ERFASSUNG in der folgenden Form abändern[2]:

```
[1]ᕮ VERSION 2
[1.1]ᕮ ZUSAETZLICHE EINGABE VON ARTIKELNAMEN
[3.1] ARTKLNAME ← 0 13 ρ ' '
[13.1] ARTKLNAME ← ARTKLNAME ,[1] (1 13 ρ ' ')
[19.1] 'GIB ARTIKELNAME'
[19.2] ARTKLNAME[I;] ← ▯
```

7.3 Arithmetische Matrix-Operationen

Zentrale Bestandsführung

Bisher haben wir gezeigt, wie mit Hilfe von Vektor- und Matrix-Strukturen der Artikelbestand eines Lagers geführt werden kann. Sollen mehrere Läger verwaltet werden, so können wir für jedes Lager entsprechende Variablen zur Speicherung der Artikelnummern, der Anzahlen, der Preise und Artikelnamen im Arbeitsbereich anlegen und durch geeignete Prozeduren bearbeiten lassen. Wir unterstellen, daß der Bestand dreier Außenläger mit gleichen Artikeln zentral geführt werden soll. Da sich einzig und allein die Artikelanzahlen in den drei Lägern unterscheiden, brauchen wir nicht für jedes einzelne Lager eigenständige Vektoren und Matrizen einzurichten, sondern können die Variablen ARTKLNUMMER, ARTKLPREIS und ARTKLNAME gemeinsam nutzen. Für die Speicherung der Artikelanzahlen richten wir eine dreizeilige Zahlen-Matrix — wir nennen sie GARTKLANZAHL — ein, die folgendermaßen strukturiert ist:

<table>
<tr><td rowspan="3">GARTKLANZAHL:</td><td>Artikelanzahlen im 1. Lager</td></tr>
<tr><td>Artikelanzahlen im 2. Lager</td></tr>
<tr><td>Artikelanzahlen im 3. Lager</td></tr>
</table>

So enthält etwa GARTKLANZAHL[1;] die einzelnen Artikelanzahlen im 1. Lager und GARTKLANZAHL[;1] die Anzahlen des als erstes abgespeicherten Artikels in den drei verschiedenen Lägern.

Zur Einrichtung und zur Erfassung der einzelnen Artikelanzahlen eines Lagers können wir z.B. die im Kapitel 6.3 angegebene Prozedur ERFASSUNG wie folgt abändern[3]:

---

[2] Es müssen genau 13 Zeichen eingegeben werden, d.h. bei kürzeren Artikelnamen sind zusätzliche Leerzeichen einzugeben.

[3] Aus darstellungstechnischen Gründen beziehen wir uns auf die Zeilennummern in der Version 1. Es ist zu beachten, daß zwischenzeitlich die für die 2. Version erforderlichen Ergänzungen

```
[1]ꝺ VERSION 3
[3] ARTKLNUMMER ← ARTKLPREIS ← 0 ρ 0
[3.1] GARTKLANZAHL ← 3 0 ρ 0
[13.1] GARTKLANZAHL ← GARTKLANZAHL , (3 1 ρ 0)
[16] 'GIB ARTIKELANZAHL FUER 1. LAGER'
[17] GARTKLANZAHL[1;I] ← □
[17.1] 'GIB ARTIKELANZAHL FUER 2. LAGER'
[17.2] GARTKLANZAHL[2;I] ← □
[17.3] 'GIB ARTIKELANZAHL FUER 3. LAGER'
[17.4] GARTKLANZAHL[3;I] ← □
```

Wir gehen im folgenden davon aus, daß die Matrix GARTKLANZAHL durch die
Ausführung der in dieser Form modifizierten Prozedur ERFASSUNG wie folgt besetzt ist:

GARTKLANZAHL:

10	20	5	2
5	10	20	3
10	5	10	2

Der Operator "/[ ]" zur Komprimierung von Matrizen

Wir stellen uns zunächst die Aufgabe, den Gesamtbestand pro Artikel zu ermitteln. Um die in den Komponenten von GARTKLANZAHL gespeicherten Anzahlen
spaltenweise zu summieren, setzen wir den *Komprimiere-Operator "/"* (compress)
ein. Genau wie beim Expandiere- und Verkettungs-Operator läßt sich durch eine
nachfolgende Angabe mit "[" und "]" festlegen, ob eine zeilenorientierte oder eine
spaltenorientierte Komprimierung durchzuführen ist.

Soll entlang des Zeilenindexes komprimiert werden, so müssen wir die Angabe "/[1]"
machen. Bei einer spaltenorientierten Komprimierung ist dagegen "/[2]" anzugeben,
was durch "/" abgekürzt werden kann, da die Komprimierung entlang des letzten
Indexes voreingestellt ist.

Da wir den Bestand der drei Läger pro Artikel ausweisen wollen, müssen wir entlang
des Zeilenindexes summieren und somit den Operator in der Form "/[1]" einsetzen.
So ergibt sich durch die Anweisung

```
G_ANZAHLEN ← +/[1] GARTKLANZAHL
```

der Vektor G_ANZAHLEN, der komponentenweise die Gesamtzahlen pro Artikel

---

eingefügt wurden.

enthält und dessen Länge gleich der Spaltenzahl von GARTKLANZAHL ist. Beziehen wir uns auf den oben angegebenen Inhalt von GARTKLANZAHL, so liefert

$\square\leftarrow$ G_ANZAHLEN

die Ausgabe von

25 35 35 7

auf dem Bildschirm.

Um den Lagerwert jedes einzelnen Lagers zu errechnen, greifen wir auf die Prozedur BEWERTUNG aus dem Kapitel 4 zurück und modifizieren sie geeignet.

Vereinbaren wir diese Prozedur etwa in der Form

[0] BEWERTUNG
[1] +/GARTKLANZAHL[1;] × ARTKLPREIS
[2] +/GARTKLANZAHL[2;] × ARTKLPREIS
[3] +/GARTKLANZAHL[3;] × ARTKLPREIS

so können wir auf der Basis von

ARTKLPREIS: | 50.20 | 100.50 | 10.20 | 80.50 |

den Wert eines jeden der drei Läger durch den Prozeduraufruf

BEWERTUNG

mit dem Ergebnis

2724
1701.5
1267.5

ermitteln lassen. Bei der Ausführung der Prozedur werden die Werte jeder Matrix-Zeile von GARTKLANZAHL mit den korrespondierenden Vektorkomponenten von ARTKLPREIS multipliziert und der jeweils resultierende Vektor durch den Einsatz von "+/" additiv reduziert. Wir können "+/" anstelle von "+/[1]" schreiben, weil die Operanden eine Vektor-Struktur besitzen und somit die Reduktion automatisch über den Zeilenindex (als einzigem Index) erfolgt.

Der Operator " . " zur Bildung des inneren Produkts

In APL kann eine Anweisung der Form

    +/vektor_1 × vektor_2

mit zwei gleichlangen Vektoren auch durch den Operator "." (inner product) zur
Bildung des *inneren Produkts* "f.g"[4] in der Form

    vektor_1 +.× vektor_2

angegeben werden. Für die Platzhalter "f" und "g" haben wir die Operatoren "+"
und "×" eingesetzt (weitere Anwendungen stellen wir unten vor).

Der Operator "×" zur paarweisen Verknüpfung der Vektorkomponenten wird rechts
von dem Symbol "." eingetragen, während der Operator "+" für die anschließende
Reduktion des Ergebnisvektors links von "." aufgeführt wird. Diese Notation entspricht der Auswertungsreihenfolge "von rechts nach links".

Durch den Einsatz des Operators "+.×" können wir die oben angegebene Prozedur
BEWERTUNG wie folgt abändern:

[0] BEWERTUNG
[1] GARTKLANZAHL[1;] +.× ARTKLPREIS
[2] GARTKLANZAHL[2;] +.× ARTKLPREIS
[3] GARTKLANZAHL[3;] +.× ARTKLPREIS

Die in dieser Prozedur beschriebene Verknüpfung von Vektoren läßt sich durch die
Anwendung des inneren Produkts "f.g" auf die Matrix GARTKLANZAHL und den
Vektor ARTKLPREIS folgendermaßen komprimieren:

[0] BEWERTUNG
[1] GARTKLANZAHL +.× ARTKLPREIS

Ist nämlich bei der Anwendung des Operators "f.g" in der Form

    matrix +.× vektor

der erste Operand eine Matrix und der zweite Operand ein Vektor, dessen Länge mit
der Spaltenzahl der Matrix übereinstimmt, so werden die spezifizierten Operationen

---

[4]Die Zeichenfolge "f.g" darf keine Leerzeichen enthalten.

für jede Zeile der Matrix getrennt durchgeführt. Als Ergebnis erhalten wir einen Vektor, dessen Länge gleich der Zeilenzahl von "matrix" ist.

Indem wir "vektor" als einspaltige Matrix auffassen, läßt sich die Verknüpfungsvorschrift anschaulich durch die folgende Darstellung skizzieren:

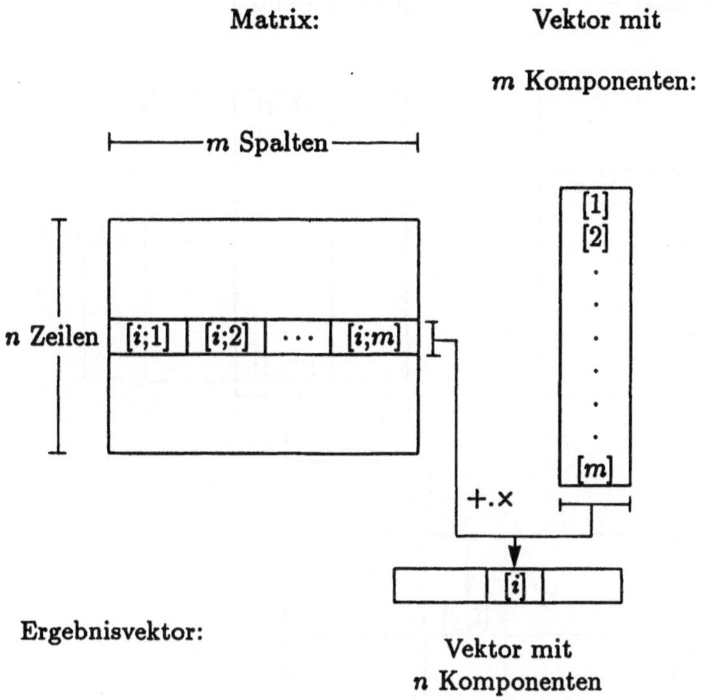

Matrix:

Vektor mit

m Komponenten:

$\vdash\!\!-\!\!-\!\!-\!\!-m$ Spalten$-\!\!-\!\!-\!\!-\!\!\dashv$

[1]
[2]

n Zeilen $\quad$ [i;1] $\quad$ [i;2] $\quad \cdots \quad$ [i;m]

[m]

$+.\times$

[i]

Ergebnisvektor:

Vektor mit
n Komponenten

Somit ergibt sich die i-te Komponente des Ergebnisvektors durch die komponentenweise Multiplikation der i-ten Zeile von "matrix" mit "vektor" und der anschließenden Summation der Produkte. Der Prozeduraufruf

BEWERTUNG

liefert somit den Vektor

2724 1701.5 1267.5

als Ergebnis.

Wir verallgemeinern die oben angegebene Beschreibung zur Bildung des *inneren Produkts zweier Matrizen* in der Form:

matrix_1 +.× matrix_2

Dabei müssen wir voraussetzen, daß die Spaltenzahl von "matrix_1" mit der Zeilenzahl von "matrix_2" übereinstimmt.

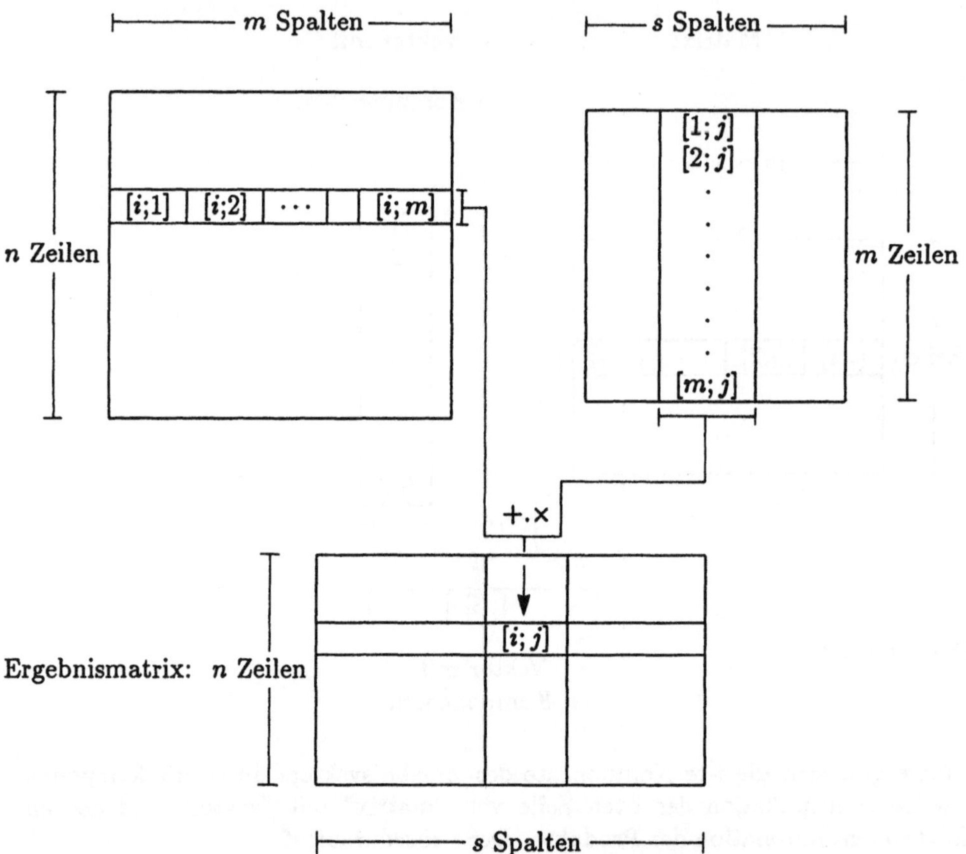

Aus der Verknüpfung resultiert eine Matrix, deren Zeilenzahl gleich der Zeilenzahl von "matrix_1" und deren Spaltenzahl gleich der Spaltenzahl von "matrix_2" ist. Enthält etwa "matrix_1" 3 Zeilen und 7 Spalten, die "matrix_2" 7 Zeilen und 3 Spalten, so resultiert eine Ergebnismatrix mit 3 Zeilen und 3 Spalten.

Der Wert an der Kreuzung von Zeile i und Spalte j der Ergebnismatrix ergibt sich aus der Verknüpfung der i-ten Zeile von "matrix_1" mit der j-ten Spalte von "matrix_2". Dies bedeutet, daß die Werte in der i-ten Zeile von "matrix_1" mit den Werten der j-ten Spalte von "matrix_2" komponentenweise multipliziert, die Produkte anschließend addiert und das Ergebnis in die Kreuzung von i-ter Zeile und j-ter Spalte der Ergebnismatrix eingetragen werden.

Soll z.B. aus der oben angegebenen Bestandsmatrix GARTKLANZAHL der Bestand der im 1. und 2. Lager und der im 2. und 3. Lager gehaltenen Artikel getrennt ermittelt werden, so können wir dazu das innere Produkt zweier Matrizen in der Form

$$(2\ 3\ \rho\ 1\ 1\ 0\ 0\ 1\ 1) +.\times \text{GARTKLANZAHL}$$

mit dem Ergebnis

15 30 25 5
15 15 30 5

bilden.

Die Verknüpfung der beiden Matrizen

1	1	0
0	1	1

und

10	20	5	2
5	10	20	3
10	5	10	2

ist gemäß der oben angegebenen Vorschrift nämlich wie folgt festgelegt:

1 1 0 +.× 10 5 10	1 1 0 +.× 20 10 5	1 1 0 +.× 5 20 10	1 1 0 +.× 2 3 2
0 1 1 +.× 10 5 10	0 1 1 +.× 20 10 5	0 1 1 +.× 5 20 10	0 1 1 +.× 2 3 2

Grundsätzlich lassen sich bei der Bildung des inneren Produkts vor und hinter dem Symbol ".". nicht nur die Operatoren "+" und "×", sondern auch beliebige andere Operatoren angeben, mit denen sinnvolle Berechnungen vorgenommen werden können. Wir demonstrieren dies im folgenden exemplarisch für die Operatoren "×" und "$\geq$".

Setzen wir z.B. voraus, daß der Mindestbestand der Artikel in jedem Lager durch die Werte "6", "5", "10" und "2" gekennzeichnet ist, so können wir einen Vektor mit den Mindestbestandswerten durch

$$\text{MINBESTAND} \leftarrow 6\ 5\ 10\ 2$$

einrichten. Durch die Anwendung des inneren Produkts in der Form

$$\text{GARTKLANZAHL} \times.\geq \text{MINBESTAND}$$

wird zunächst durch den Vergleichs-Operator "$\geq$" jede Matrix-Zeile von
GARTKLANZAHL komponentenweise mit dem Vektor MINBESTAND verglichen.
Für jeden Vergleich wird der Wert "1" ermittelt, falls die Artikelanzahl eines Lagers
größer oder gleich dem Mindestbestand ist — andernfalls ist der Wert "0" als Ergebniswert festgelegt. Anschließend werden die aus einer Matrix-Zeile resultierenden
vier Werte miteinander multipliziert. Somit werden die folgenden Verknüpfungen
durchgeführt:

$(10 \geq 6) \times (20 \geq 5) \times$	$(5 \geq 6) \times (10 \geq 5) \times$	$(10 \geq 6) \times (5 \geq 5) \times$
$(5 \geq 10) \times (2 \geq 2)$	$(20 \geq 10) \times (3 \geq 2)$	$(10 \geq 10) \times (2 \geq 2)$

Der (aus drei Komponenten) bestehende Ergebnisvektor besitzt somit nur dann eine
Komponente mit dem Wert "1", wenn in dem korrespondierenden Lager keiner der
Artikel den Mindestbestand unterschreitet.

Folglich resultiert in unserer Situation aus der Bildung des inneren Produkts

GARTKLANZAHL $\times.\geq$ MINBESTAND

die Bildschirmausgabe:

0 0 1

Kapitel 8

Einsatz von Hilfsprozessoren

8.1 Hilfsprozessoren und Transfer-Dateien

Aufgabenstellung

In den vorausgehenden Kapiteln haben wir beschrieben, wie Daten dialogorientiert über die Tastatur in den Arbeitsbereich eingegeben werden können. Jetzt wollen wir den Fall betrachten, daß die zu verarbeitenden Daten bereits auf einem Datenträger vorliegen, auf den sie z.B. mit Hilfe eines Anwenderprogramms oder eines Editierprogramms wie z.B. dem unter MS-DOS zur Verfügung stehenden Programm EDLIN übertragen worden sind. Wir gehen im folgenden davon aus, daß unsere Bestandsdaten in Datensätzen einer DOS-Datei namens "BESTAND.TXT" auf einer Diskette im Laufwerk "A:" abgespeichert sind. Dabei setzen wir die folgende Datensatz-Struktur voraus:

3-stellige Artikelnummer	3-stellige Artikelanzahl	7-stelliger Artikelpreis (mit Dezimalpunkt und 2 Dezimalstellen)	13-stelliger Artikelname

Wir stellen uns die Aufgabe, die gespeicherten Daten satzweise in den Arbeitsbereich einzulesen und die Satzinhalte in die Vektoren ARTKLNUMMER, ARTKLANZAHL, ARTKLPREIS und in die Matrix ARTKLNAME zu übertragen.

Hilfsprozessoren

Damit wir die gestellte Aufgabe lösen können, müssen wir satzweise auf die Datensätze einer DOS-Datei zugreifen. Dieser Zugriff ist weder durch eine APL-Anweisung noch durch ein Systemkommando möglich. Wir müssen daher den

Aufruf von Hilfsprozessor-Leistungen als weitere Leistungskomponente des APL-
Systems einsetzen:

<table>
<tr><td rowspan="3">mögliche

Anforderungen an

das APL-System:</td><td>Anweisungen der
Programmiersprache APL</td></tr>
<tr><td>Systemkommandos</td></tr>
<tr><td>Aufruf von
Hilfsprozessor-Leistungen</td></tr>
</table>

Zum APL-System zählen auch Programme — sog. *Hilfsprozessoren* —, durch deren
Ausführung sich zusätzliche Leistungen abrufen lassen. APL-Systeme unterscheiden
sich einerseits durch die jeweils zur Verfügung stehenden Hilfsprozessoren und andererseits auch dadurch, wie die Leistungen dieser Hilfsprozessoren des APL-Systems
abgerufen werden können.

Das APL-System APL/PC Version 2 der Firma IBM enthält unter anderem die
folgenden Hilfsprozessoren:

- den Hilfsprozessor AP210 zur Verarbeitung von DOS-Dateien,
- den Hilfsprozessor AP124 zur Datenerfassung in eine Bildschirmmaske, und
- den Hilfsprozessor AP80 zur Druckausgabe.

Soll die Leistung eines oder mehrerer dieser Hilfsprozessoren während eines APL-
Dialogs in Anspruch genommen werden, so müssen wir das APL-System durch das
Kommando

    C> APL hilfsprozessor_1 [hilfsprozessor_2] ...

starten. Zur Verarbeitung von DOS-Dateien ist das APL-System durch das Kommando

    C> APL AP210

aufzurufen. Damit auf die Leistungen des Hilfsprozessors AP210 zugegriffen werden
kann, müssen geeignete Prozeduren und Funktionen und die von ihnen als Variable
benötigten Größen im Arbeitsbereich zur Verfügung stehen. Mit diesen Objekten
sind die gewünschten Anforderungen (wie z.B. die Eröffnung einer DOS-Datei und
das Lesen eines Datensatzes) zu formulieren.

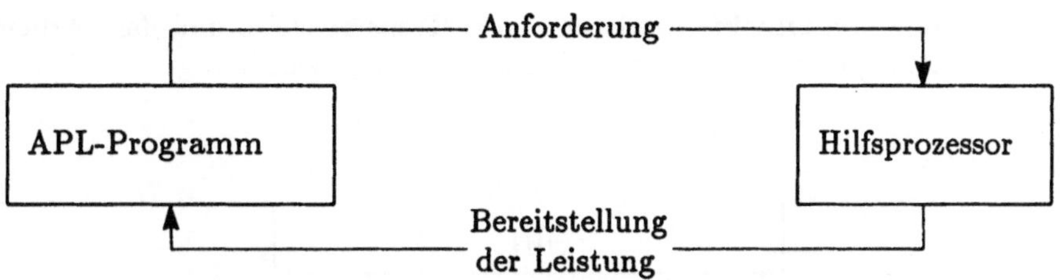

Das APL-System übermittelt die vom APL-Programm gestellten Anforderungen an den Hilfsprozessor, der daraufhin die abgerufenen Leistungen erbringt. Anschließend wird die Programmausführung des Hilfsprozessors unterbrochen und die Kontrolle wieder an das APL-Programm übertragen, so daß die nächste Anforderung an das APL-System gestellt werden kann.

Transfer-Dateien

Die zur Kommunikation mit einem Hilfsprozessor benötigten Prozeduren, Funktionen und Variablen werden jeweils in einer mit dem Hilfsprozessor korrespondierenden Datei — *Transfer-Datei* genannt — auf dem Sekundärspeicher bereitgehalten. Jede Transfer-Datei ist durch die Namensergänzug "AIO" kenntlich gemacht.

Zum Beispiel gehört zum Hilfsprozessor AP210 die Transfer-Datei FILE____.AIO, in der Prozeduren (Funktionen) zur Verarbeitung von DOS-Dateien wie etwa OPEN, READV und CLOSE enthalten sind.

Bearbeitung von Transfer-Dateien

Transfer-Dateien sind nicht nur erforderlich für den Einsatz von Hilfsprozessoren, sondern auch nützlich bei der Veränderung des Arbeitsbereichs. Während im Arbeitsbereich alle Größen in einer maschinennahen Darstellungsform abgespeichert sind, enthält eine Transfer-Datei ihre Objekte in Textform — als Zeichen-Matrix (siehe Anhang A.5). Dies hat den Vorteil, daß die Objekte von einem Rechner zu einem anderen übertragen werden können.[1]

Als Alternative zur Speicherung des gesamten Arbeitsbereichs mit dem Systemkommando ")SAVE" ist es möglich, Transfer-Dateien einzurichten, in die der gesamte Arbeitsbereich oder Teile des Arbeitsbereichs übertragen werden können. Bei Bedarf lassen sich anschließend ausgewählte Objekte oder auch der gesamte Inhalt einer Transfer-Datei in den Arbeitsbereich laden. Dadurch ergibt sich die Möglichkeit — anders als beim Einsatz des Systemkommandos ")LOAD" — *gezielt* auf einzelne Objekte zugreifen zu können, ohne daß der aktuelle Arbeitsbereich insgesamt überschrieben wird.

---

[1] Siehe auch Kapitel 12.

Zur Übertragung von Objekten zwischen einer Transfer-Datei und dem Arbeitsbereich stehen die Systemkommandos)IN und)OUT zur Verfügung.

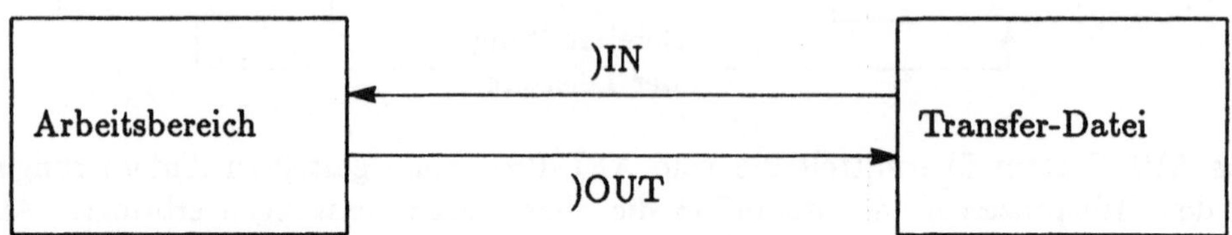

Systemkommando)IN

Sollen Objekte einer Transfer-Datei in den Arbeitsbereich übertragen werden, so ist das Systemkommando)IN in der Form

>   )IN [bibliotheksnummer] grundname [objekt_1 [objekt_2] ...]

anzugeben. Die Bibliotheksnummer adressiert das Laufwerk — genau wie bei den Systemkommandos)SAVE,)LOAD und)WSID. Der um die Namensergänzung "AIO" vom APL- System automatisch erweiterte Name "grundname" kennzeichnet eine vorhandene Transfer-Datei. Ist der angegebene Grundname kürzer als 8 Zeichen, so wird er durch Anfügen von Unterstreichungszeichen "_" vom APL-System automatisch auf 8 Zeichen aufgefüllt.

So müssen wir etwa zum Laden aller Objekte der (auf der Festplatte gespeicherten) Transfer-Datei FILE____.AIO das Systemkommando

>   )IN FILE

angeben. Führen wir — wie in diesem Fall — keine Objektnamen hinter dem Grundnamen auf, so werden standardmäßig *alle* in der Transfer-Datei enthaltenen Objekte in den Arbeitsbereich übertragen.

Systemkommando)OUT

Zur Ausgabe des gesamten Arbeitsbereichs oder von Teilen des Arbeitsbereichs in eine Transfer-Datei ist das Systemkommando)OUT in der Form

>   )OUT [bibliotheksnummer] grundname [objekt_1 [objekt_2] ...]

einzusetzen. Für die in dieser Syntax-Darstellung aufgeführten Platzhalter gelten dieselben Regeln wie für das oben erläuterte Systemkommando)IN. Beim Fehlen einer Objektangabe wird ebenfalls der gesamte Inhalt des Arbeitsbereichs in die spezifizierte Transfer-Datei übertragen.

Systemkommando)SYMBOLS

Durch die Systemkommandos)FNS und)VARS lassen sich die Namen aller bislang im Arbeitsbereich vereinbarten Prozeduren, Funktionen und Variablen anzeigen (siehe Kapitel 5). Die Namen dieser Objekte sind im Arbeitsbereich in einer gesonderten Tabelle — der *Symboltabelle* — abgespeichert.
Mit Hilfe des Systemkommandos)SYMBOLS können wir uns den jeweils aktuellen Inhalt (Status) der Symboltabelle am Bildschirm anzeigen lassen. Nach der Eingabe von

)SYMBOLS

werden zwei Werte ausgegeben. Der erste 1. Wert gibt die aktuelle (vom APL-System voreingestellte) Speichergröße und der 2. Wert den noch verfügbaren Speicherplatz der Symboltabelle in Bytes an.
Laden wir Objekte einer Transfer-Datei mit dem Systemkommando)IN in den aktuellen Arbeitsbereich, so werden die Namen der geladenen Objekte in die Symboltabelle eingetragen. Steht in der Symboltabelle nicht mehr genügend Speicherplatz zur Verfügung, gibt das APL-System die folgende Fehlermeldung aus:

SYMBOL TABLE FULL

In dieser Situation müssen wir den aktuellen Arbeitsbereich mit dem Systemkommando)SAVE sichern und danach den gesamten Arbeitsbereich durch die Eingabe des Systemkommandos

)CLEAR

löschen. Anschließend erhöhen wir die aktuelle Größe der Symboltabelle mit dem Systemkommando)SYMBOLS, indem wir eine ausreichende Speichergröße durch

)SYMBOLS ganzzahl

festlegen (512 Bytes $\leq$ ganzzahl $\leq$ 32 766 Bytes).

Danach laden wir den gesicherten Arbeitsbereich durch den Einsatz des Systemkommandos)LOAD und geben die gewünschten Objekte der Transfer-Datei in einem erneuten Aufruf des Systemkommandos)IN an.

8.2   Einlesen von Daten aus einer DOS-Datei

Eröffnen einer DOS-Datei

Nachdem wir die Funktion von Transfer-Dateien erläutert haben, kehren wir
zu unserer Aufgabenstellung zurück.   Damit Datensätze aus der DOS-Datei
"BESTAND.TXT" mit den Artikeldaten eingelesen werden können, aktivieren wir
den Hilfsprozessor AP210 durch das Kommando

    C> APL AP210

und stellen anschließend sämtliche Objekte der Transfer-Datei FILE____.AIO im
aktuellen Arbeitsbereich durch

)IN FILE

zur Verfügung.

Bevor wir die Sätze der DOS-Datei einlesen können, müssen wir diese Datei zunächst
als Eingabe-Datei *zum Lesen eröffnen*.   Dazu setzen wir die Prozedur OPEN ein,
die wir mit 2 Parametern in der Form

    5 OPEN 'A:BESTAND.TXT,D'

aufrufen.[2]

Der vor dem Prozedurnamen OPEN als 1. Parameter aufgeführte (ganzzahlige)
Wert "5" ist eine *Dateinummer*, mit der wir uns in nachfolgenden Prozeduraufrufen
auf die Disketten-Datei "BESTAND.TXT" auf dem Laufwerk "A:" beziehen. Der
im 2. Parameter hinter dem Komma "," angegebene Buchstabe "D" bestimmt, daß
es sich bei der Datei "BESTAND.TXT" um eine DOS-Datei handelt, deren Zeichen
im ASCII-Code verschlüsselt abgespeichert sind.[3]

Bei der Ausführung der Prozedur OPEN wird zunächst nachgeprüft, ob die Datei
"BESTAND.TXT" auf der Diskette im Laufwerk "A:" vorhanden ist. Anschließend
wird auf den Dateianfang positioniert, so daß bei der 1. Leseanforderung der erste
Satz als aktueller Satz in den Arbeitsspeicher übertragen werden kann.

---

[2] Weitere Möglichkeiten zur Dateieröffnung sind im Handbuch des APL-Systems zu finden.

[3] Beim Lesen der Datensätze werden die Zeichen vom ASCII-Code in den Code des APL-Systems
(siehe Anhang A.4) umgesetzt.

Lesen von Datensätzen

Zum *Einlesen von Datensätzen* aus der zuvor eröffneten Datei "BESTAND.TXT"
setzen wir die Funktion READV in der Form

        PUFFER ← READV 5

ein. Beim Aufruf der Funktion READV wird auf die mit der Dateinummer "5"
gekennzeichnete Datei lesend zugegriffen. Dabei wird der Inhalt des aktuellen Datensatzes als Zeichenkette in den *Text-Vektor* PUFFER übertragen. Ohne die Zuweisung an die Variable "PUFFER" würde der eingelesene Satzinhalt nur am Bildschirm angezeigt und stünde somit für eine anschließende Bearbeitung nicht mehr
zur Verfügung.

Als letzte Komponente des Vektors PUFFER sind zwei Steuerzeichen ("CR" und
"LF") eingetragen, die bei DOS-Dateien zur Satzverwaltung benötigt werden. Somit ist die Länge von PUFFER nach einem Lesezugriff immer um 2 Zeichen größer
als der eingelesene — hier 26-stellige — Satzinhalt. Dies müssen wir bei der weiteren
Verarbeitung der Variablen PUFFER berücksichtigen.

Dateiende

Nach jeder Leseanforderung ist zu überprüfen, ob der Zugriff erfolgreich ausgeführt
wurde. Sind nämlich bereits alle Sätze eingelesen worden, so ist das *Dateiende* (end
of file) erreicht. In diesem Fall wird bei der Ausführung der Funktion READV
der *leere Vektor* — als Indikator für das Dateiende — in die Variable PUFFER
übertragen. Dieser Sachverhalt läßt sich über die Vergleichsbedingung

        $(\rho \ \text{PUFFER}) = 0$

feststellen. Trifft diese Bedingung zu, so ist das Dateiende erreicht und es darf kein
weiterer Aufruf der Funktion READV erfolgen. Wird nämlich in dieser Situation
versucht, einen weiteren Satz aus der Datei einzulesen, so führt dies zum Abbruch
der Verarbeitung.

Schließen einer DOS-Datei

Nach dem Einlesen des letzten Satzes muß die Datei von der Verarbeitung *abge-
meldet* werden. Dazu setzen wir die Prozedur CLOSE mit einem Parameter in der
Form

        CLOSE 5

ein. Die Dateinummer "5" kennzeichnet wiederum die unter dieser Nummer mit
der Prozedur OPEN eröffnete Datei "BESTAND.TXT".

Struktogramm-Darstellung

Nachdem wir die zur Lösung unserer Aufgabenstellung erforderlichen Prozeduren
(Funktionen) zur Verarbeitung von DOS-Dateien kennengelernt haben, beschrei-
ben wir die Lösung der oben angegebenen Aufgabenstellung durch das folgende
Struktogramm:

Einrichten der Vektoren ARTKLNUMMER, ARTKLANZAHL, ARTKLPREIS und der Matrix ARTKLNAME im Arbeitsbereich
Eröffnen der Datei "BESTAND.TXT" zum Lesen
Lesen eines Satzes in den Text-Vektor PUFFER
bis Dateiende erreicht:
Interpretieren der ersten 3 Zeichen als Artikelnummer und Übertragen in die nächste Komponente von ARTKLNUMMER
Interpretieren der Zeichen von Position 4 bis 6 als Artikelanzahl und Übertragen in die nächste Komponente von ARTKLANZAHL
Interpretieren der Zeichen von Position 7 bis 13 als Artikelpreis und Übertragen in die nächste Komponente von ARTKLPREIS
Übertragen der Zeichen von Position 14 bis 26 als Artikelname in die nächste Komponente von ARTKLNAME
Lesen eines Satzes in den Text-Vektor PUFFER
Schließen der Datei "BESTAND.TXT"
Bildschirmausgabe der Anzahl der eingelesenen Bestandssätze
Ausgabe von "ENDE DER PROZEDUR LESEN"

Der Berechne-Operator "⍎"

Nach dem Lesen eines Datensatzes steht der Satzinhalt in der Text-Variablen
PUFFER zur weiteren Verarbeitung zur Verfügung. Zunächst muß der an den
ersten 3 Zeichenpositionen angegebene Text als ganzzahlige Artikelnummer interpretiert werden. Dazu ist die als Text gespeicherte Ziffernfolge in die zugehörige
numerische Form umzuwandeln — etwa die Zeichenkette "123" in die ganze Zahl
123. Dazu setzen wir den *Berechne-Operator* "⍎" (execute) in der Form

    ⍎ '123'

mit dem numerische Ergebniswert

123

ein. Der hinter "⍎" angegebene Operand muß ein Text-Vektor sein, der eine APL-

Anweisung als Zeichenfolge enthält. Diese Anweisung wird durch den Operator "⍎"
zur Ausführung gebracht.
Während bei der Anweisung

    ⍎ '123'

der aus Ziffern-Zeichen bestehende Text in den korrespondierenden numerischen
Wert "123" umgewandelt wird, ergibt sich z.B. durch die Ausführung von

    ⍎ '+/ 502 2010 51 161'

die ganze Zahl "2724".

Prozedur zur Dateieingabe

Unter Einsatz des Operators "⍎" erhalten wir durch die Umsetzung des oben angegebenen Struktogramms die folgenden Prozedurzeilen der Prozedur LESEN:

```
[0] LESEN ;PUFFER
[1] ARTKLNUMMER ← ARTKLANZAHL ← ARTKLPREIS ← 0 ρ 0
[2] ARTKLNAME ← 0 13 ρ ' '
[3] 5 OPEN 'A:BESTAND.TXT,D'
[4] PUFFER ← READV 5
[5] SCHLEIFE: →((ρ PUFFER) = 0) / SCHLUSS
[6] ARTKLNUMMER ← ARTKLNUMMER ,⍎ ((3 ρ 1),(10 ρ 0) ,(13 ρ 0),2 ρ 0) /
PUFFER
[7] ARTKLANZAHL ← ARTKLANZAHL ,⍎ ((3 ρ 0),(3 ρ 1),(7 ρ 0) ,(13 ρ 0),
2 ρ 0) / PUFFER
[8] ARTKLPREIS ← ARTKLPREIS ,⍎ ((6 ρ 0),(7 ρ 1), (13 ρ 0),2 ρ 0) / PUFFER
[9] ARTKLNAME ← ARTKLNAME ,[1] (((13 ρ 0),(13 ρ 1),2 ρ 0) / PUFFER)
[10] PUFFER ← READV 5
[11] → SCHLEIFE
[12] SCHLUSS: CLOSE 5
[13] 'ES WURDEN ' , (4 0 ⍕ (ρ ARTKLNUMMER)) , ' SAETZE GELESEN'
[14] 'ENDE DER PROZEDUR LESEN'
```

In den Prozedurzeilen "[7]" bis "[9]" reduzieren wir die Variable PUFFER durch
die Angabe von "2 ρ 0" um die beiden letzten Komponenten. Wie oben angegeben,
ist nämlich zu berücksichtigen, daß jeder eingelesene Satz zwei Steuerzeichen am
Satzende enthält.

Kapitel 9

Menüorientierte Dateneingabe

Bildschirmaufbau und menüorientierte Erfassung

Im folgenden beschreiben wir — als Alternative zur Dateneingabe aus einer DOS-Datei —, wie unsere Artikel-Bestandsdaten über die Tastatur in ein Erfassungsmenü (eine Bildschirmmaske) eingegeben und anschließend zur weiteren Verarbeitung in den Arbeitsbereich übertragen werden können.

Die menüorientierte Eingabe hat gegenüber der im Kapitel 7 beschriebenen Erfassung den Vorteil, daß zuerst *alle* pro Artikel angeforderten Kenndaten eingegeben werden, bevor eine Übertragung durch den Druck auf die Enter-Taste ausgelöst wird. Dadurch ist es möglich, das Erfassungsformular mit den Artikeldaten auf dem Bildschirm nachzubilden, so daß die optische Datenkontrolle erleichtert wird. Durch die jederzeit mögliche Positionierung des Cursors können die eingegebenen Daten solange korrigiert werden, bis der gesamte Menüinhalt durch die Enter-Taste an das APL-System abgeschickt wird.

Zu Beginn unserer Erfassung soll auf dem Bildschirm — wir unterstellen einen 24-zeiligen Bildschirm mit jeweils 80 Zeichenpositionen — der folgende Text als Erfassungsmenü angezeigt werden:

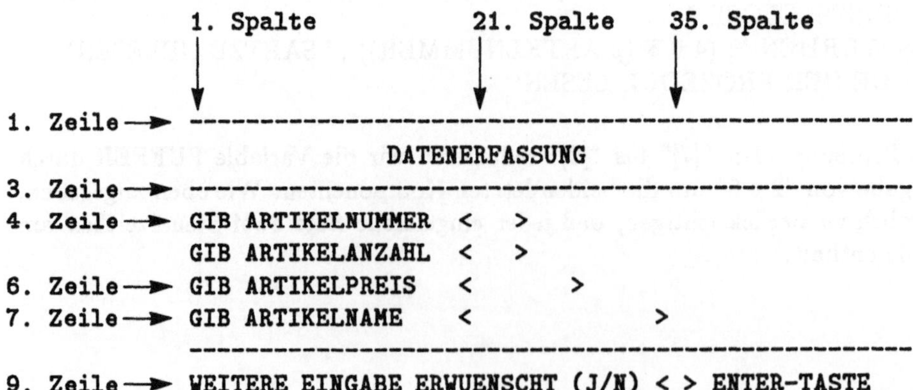

In die durch die Begrenzungszeichen "<" und ">" festgelegten Bereiche[1] — die *Erfassungsfelder* — wollen wir die Artikelnummer (3-stellig), die Artikelanzahl (3-stellig), den Artikelpreis (7-stellig mit Dezimalpunkt und 2 Dezimalstellen) und den Artikelnamen (13-stellig) erfassen.

Damit die eingegebenen Daten weiterverarbeitet werden können, müssen die auf dem Bildschirm angezeigten Erfassungsfelder, welche die Daten aufnehmen, geeigneten Variablen zugeordnet sein, in welche die Daten beim Drücken der Enter-Taste von den Erfassungsfeldern übermittelt werden. Für diese Variablen verabreden wir — gemäß der Reihenfolge der im oben angegebenen Menü eingetragenen Erfassungsfelder — die Namen NUMMER_SCR, ANZAHL_SCR, PREIS_SCR, NAME_SCR und WEITER_SCR. Diese Zuordnungen werden in der Prozedur MASKE für den Menüaufbau festgelegt (siehe unten).

Nach der Dateneingabe und der Übertragung in diese Variablen sind die eingegebenen Werte in die Variablen ARTKLNUMMER, ARTKLANZAHL, ARTKLPREIS und ARTKLNAME zu übertragen.

Bevor die Daten für den nächsten zu erfassenden Artikel in das Erfassungsmenü eingegeben werden können, sollen die Erfassungsfelder zuvor gelöscht, d.h. mit Leerzeichen gefüllt werden. Ohne diese Bereinigung würde sonst die Unterscheidung schwerfallen, ob einzelne Zeichen von der aktuellen oder von der zuvor durchgeführten Eingabe stammen.

Soll die Erfassung beendet werden, so ist bei der Dateneingabe des letzten Artikels in das Erfassungsfeld in der 9. Bildschirmzeile das Zeichen "N" einzutragen. Die mit diesem Erfassungsfeld korrespondierende Variable WEITER_SCR ist stets daraufhin zu prüfen, ob das Ende der Erfassung erreicht ist oder ob noch weitere Daten eingegeben werden sollen.

Das Grundprinzip, nach dem die menüorientierte Erfassung erfolgen soll, stellen wir durch eine Zeichnung dar, die auf der nächsten Seite angegeben ist.

Der Speicherbereich mit den Variablen, die mit den Erfassungsfeldern des Bildschirm-Menüs korrespondieren, ist nicht Bestandteil des Arbeitsspeichers. Er gehört zum Hilfsprozessor AP124, der diesen Bereich zur Bearbeitung von Bildschirm-Menüs zur Verfügung stellt.

An den Pfeilen haben wir die Namen der für die Übertragungen benötigten Funktionen aus der zum Hilfsprozessor AP124 gehörenden Transfer-Datei angegeben:

- mit FSUSE wird das zuvor (mit Hilfe der Funktion FSDEF) definierte Bildschirm-Menü auf dem Bildschirm ausgegeben,

- mit FSWRITE werden die mit den Erfassungsfeldern korrespondierenden Variablen des Hilfsprozessors mit Leerzeichen belegt,

---

[1] Diese von uns gewählten Begrenzungszeichen dienen lediglich der optischen Sichtkontrolle.

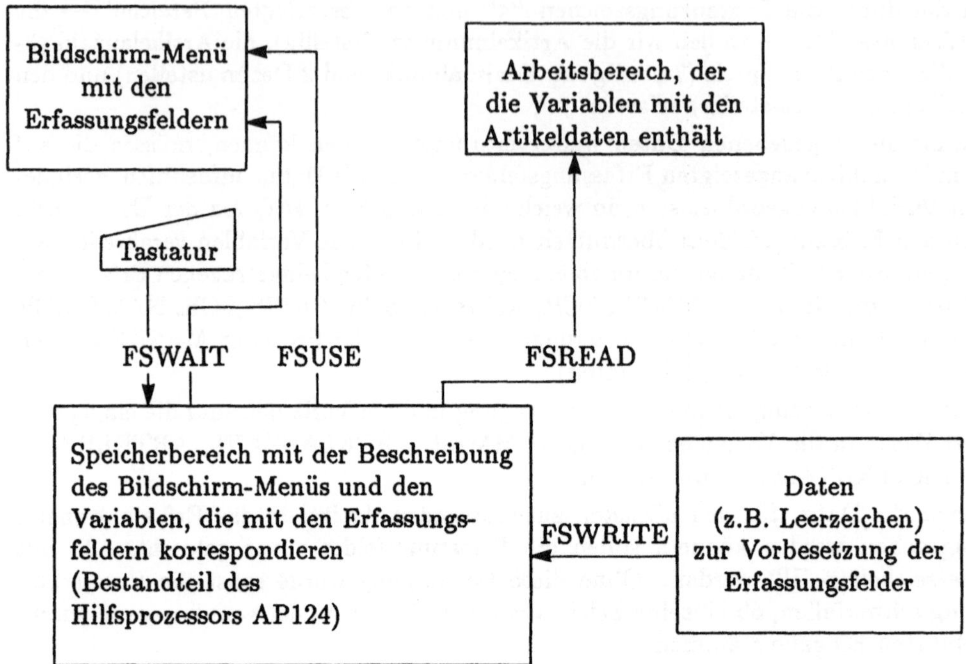

- mit FSWAIT werden die Leerzeichen in die Erfassungsfelder ausgegeben, die
  Eingabe in die Erfassungsfelder über die Tastatur angefordert, und die eingegebenen Werte aus den Erfassungsfeldern in die korrespondierenden Variablen
  des Hilfsprozessors übertragen, und

- mit FSREAD werden die Werte aus den Erfassungsfeldern, die in den korrespondierenden Variablen des Hilfsprozessors abgelegt sind, in den Arbeitsbereich übernommen und als Artikel-Bestandsdaten gespeichert.

Beschreibung des Programmablaufs

Bevor wir die zur Lösung unserer Aufgabenstellung erforderlichen Prozeduren und
Funktionen im einzelnen vorstellen, beschreiben wir zunächst den Rahmen der für
unsere Datenerfassung notwendigen Schritte.

Als erstes ist der Bildschirmaufbau unseres Erfassungsmenüs festzulegen. Dazu werden wir die Funktion FSDEF einsetzen (siehe unten), mit der wir die Bildschirmbe-
reiche für die Erfassungsfelder bestimmen und die Namen der korrespondierenden
Variablen des Hilfsprozessors definieren. Anschließend führen wir mit diesem Erfassungsmenü die Erfassung durch, deren Ablauf wir durch das folgende Struktogramm
beschreiben:

<table>
<tr><td colspan="1">Einrichten der Variablen ARTKLNUMMER, ARTKLANZAHL, ARTKLPREIS, ARTKLNAME und WEITER im Arbeitsbereich</td></tr>
<tr><td>Übertragen von "J" in die Variable WEITER</td></tr>
<tr><td>Bildschirm-Ausgabe des Erfassungsmenüs</td></tr>
<tr><td>Solange die Variable WEITER nicht das Zeichen "N" enthält:</td></tr>
<tr><td>Ergänzung der Bestandsvariablen um jeweils eine Komponente</td></tr>
<tr><td>Datenausgabe von NUMMER_SCR, ANZAHL_SCR, PREIS_SCR und NAME_SCR in die korrespondierenden Erfassungsfelder auf dem Bildschirm und
Dateneingabe über die Tastatur in die Erfassungsfelder mit anschließender Übertragung in die korrespondierenden Variablen des Hilfsprozessors — ausgelöst durch den Druck auf die Enter-Taste</td></tr>
<tr><td>Übertragen der Werte von NUMMER_SCR, ANZAHL_SCR, PREIS_SCR und NAME_SCR in die Variablen mit den Artikeldaten im Arbeitsbereich</td></tr>
<tr><td>Zuweisen des Werts von WEITER_SCR an die Variable WEITER</td></tr>
<tr><td>Übertragen von Leerzeichen in die Variablen NUMMER_SCR, ANZAHL_SCR, PREIS_SCR und NAME_SCR</td></tr>
<tr><td>Löschen des Bildschirms</td></tr>
<tr><td>Bildschirmausgabe der Anzahl der erfaßten Bestandssätze</td></tr>
<tr><td>Ausgabe von "ENDE DER PROZEDUR MENUEERFSSNG"</td></tr>
</table>

Hilfsprozessor AP124 und Transfer-Datei

Um den durch das Struktogramm beschriebenen Lösungsweg zur Ausführung zu bringen, müssen wir beim Start des APL-Systems den Hilfsprozessor AP124 laden. Dazu geben wir

    C> APL AP124

ein und stellen anschließend durch das Systemkommando)IN in der Form

)IN AP124

die zur Kommunikation mit diesem Hilfsprozessor benötigten Prozeduren (Funktionen) — wie etwa FSDEF, FSUSE, FSWAIT, FSREAD und FSWRITE — im Arbeitsbereich bereit.

Definition des Erfassungsmenüs durch die Prozedur MASKE

Unser oben angegebenes Bildschirmmenü zur Erfassung der Artikeldaten legen wir durch die Prozedur MASKE fest, die wir unter Einsatz der Funktion FSDEF wie folgt verabreden:

```
[0]  MASKE ;LANGERTEXT
[1]  FSDEF 'MENUE'
[2]  ⋒ FESTLEGEN DER TEXTAUSGABE
[3]  1 1 1 80 2 7 FSDEF 80 ρ '-'
[4]  2 15 1 14 2 7 FSDEF 'DATENERFASSUNG'
[5]  3 1 1 80 2 7 FSDEF 80 ρ '-'
[6]  4 1 1 20 2 7 FSDEF 'GIB ARTIKELNUMMER   <'
[7]  5 1 1 20 2 7 FSDEF 'GIB ARTIKELANZAHL   <'
[8]  6 1 1 20 2 7 FSDEF 'GIB ARTIKELPREIS    <'
[9]  7 1 1 20 2 7 FSDEF 'GIB ARTIKELNAME     <'
[10] 4 24 1 1 2 7 FSDEF '>'
[11] 5 24 1 1 2 7 FSDEF '>'
[12] 6 28 1 1 2 7 FSDEF '>'
[13] 7 34 1 1 2 7 FSDEF '>'
[14] 8 1 1 80 2 7 FSDEF 80 ρ '-'
[15] LANGERTEXT ← 'WEITERE EINGABE ERWUENSCHT (J/N) <'
[16] 9 1 1 34 2 7 FSDEF LANGERTEXT
[17] 9 36 1 13 2 7 FSDEF '> ENTER-TASTE'
[18] ⋒ FESTLEGEN DER ERFASSUNGSFELDER, NAMENSVERGABE FUER
[19] ⋒ DIE MIT DIESEN FELDERN KORRESPONDIERENDEN VARIABLEN
[20] 4 21 1 3 0 7 FSDEF 'NUMMER_SCR' FSDEF ' '
[21] 5 21 1 3 0 7 FSDEF 'ANZAHL_SCR' FSDEF ' '
[22] 6 21 1 7 0 7 FSDEF 'PREIS_SCR' FSDEF ' '
[23] 7 21 1 13 0 7 FSDEF 'NAME_SCR' FSDEF ' '
[24] 9 35 1 1 0 7 FSDEF 'WEITER_SCR' FSDEF ' '
[25] 'ENDE DER PROZEDUR MASKE'
```

Der *monadische* Aufruf von FSDEF in der Prozedurzeile "[1]" legt den Namen des gesamten Bildschirmmenüs fest — in unserem Fall "MENUE".

In den nachfolgenden Zeilen wird durch den *dyadischen* Aufruf der Funktion FSDEF einerseits die Textausgabe auf dem Bildschirm festgelegt (Prozedurzeilen "[3]" bis "[17]") und andererseits verabredet, welche Variablen des Hilfsprozessors mit welchen Erfassungsfelder korrespondieren. Für diese Variablen wird eine Vorbesetzung mit Leerzeichen vorgenommen (Prozedurzeilen "[20]" bis "[24]").

Wird die Funktion FSDEF in ihrer dyadischen Form in einer Anweisungszeile nur einmal aufgerufen, so wird hinter dem Funktionsnamen stets der auf dem Bildschirm angezeigte Text des Erfassungsmenüs aufgeführt. Ein zweimaliger Aufruf von FSDEF legt für die Erfassungsfelder den Namen der korrespondierenden Variablen des Hilfsprozessors und die Vorbesetzung fest.[2]

Da der Text "WEITERE EINGABE ERWUENSCHT (J/N) <" zusammen mit dem Aufruf von FSDEF nicht vollständig in eine Prozedurzeile paßt, haben wir ihn zunächst der lokalen Variablen LANGERTEXT zugewiesen und diese Text-Variable

---

[2] Genau genommen bestimmt der erste Aufruf den rechts stehenden Parameter für den zweiten Aufruf.

anschließend hinter FSDEF angegeben.

Der jeweils erste Parameter eines dyadischen Funktionsaufrufs von FSDEF ist ein Zahlenvektor — Attributsvektor genannt —, der die Plazierung der Texte bzw. der Erfassungsfelder auf dem Bildschirm bestimmt. Jeder dieser Vektoren besteht aus 6 Komponenten, die folgende Bedeutung haben:

1. Komponente: Nummer der Bildschirmzeile, die den Text bzw. das Erfassungsfeld enthalten soll.
2. Komponente: Spaltennummer, welche die jeweils 1. Zeichenposition festlegt.
3. Komponente: stets gleich "1", da unsere Texte bzw. Erfassungsfelder in jeweils nur eine Bildschirmzeile plaziert werden sollen.[3]
4. Komponente: Länge des Textes bzw. des Erfassungsfelds.
5. Komponente: 0 für ein Erfassungsfeld, d.h. Ein-/Ausgabe möglich; 2 für einen Text, d.h. nur Ausgabe möglich.
6. Komponente: stets gleich "7", da als Darstellung auf dem Bildschirm die Standardausgabe gewählt werden soll.

Durch den Aufruf der Prozedur MASKE werden die angegebenen Funktionsaufrufe von FSDEF ausgeführt und entsprechende Angaben dem Hilfsprozessor AP124 übermittelt. Insbesondere richtet dieser Hilfsprozessor in seinem Speicherbereich geeignete Felder ein, die sich beim Aufruf der Funktionen aus der Transfer-Datei über die von uns gewählten Namen NUMMER_SCR, ANZAHL_SCR, PREIS_SCR, NAME_SCR und WEITER_SCR adressieren lassen. Nach dem Aufruf von MASKE können wir anschließend durch Funktionsaufrufe auf das unter dem Namen MENUE festgelegte Bildschirmmenü zugreifen.

Um uns von der Korrektheit des festgelegten Bildschirm-Menüs zu überzeugen, können wir die Prozedur FSSHOW in der Form

    FSSHOW 'MENUE'

aufrufen, woraufhin die Maskentexte auf dem Bildschirm an den definierten Positionen angezeigt werden. Diese Anzeige können wir durch Drücken der Escape- oder der Enter-Taste beenden.

Umsetzung des Struktogramms in die Prozedur MENUEERFSSNG

Nachdem die Prozedur MASKE zur Definition des Erfassungsmenüs ausgeführt ist, können wir die Erfassung gemäß der oben angegebenen Struktogramm-Darstellung mit der Prozedur MENUEERFSSNG durchführen[4]:

---

[3] Weitere Möglichkeiten sind im Handbuch des APL-Systems zu finden.
[4] Wir setzen voraus, daß noch keine Bestandsgrößen existieren.

```
[0] MENUEERFSSNG ;I;WEITER;RETURNCODE
[1] ARTKLNUMMER ← ARTKLANZAHL ← ARTKLPREIS ← 0 ρ 0
[2] ARTKLNAME ← 0 13 ρ ' '
[3] WEITER ← 'J'
[4] RETURNCODE ← FSMODE 'BWGH'
[5] RETURNCODE ← FSUSE 'MENUE'
[6] SCHLEIFE: → (WEITER='N') / SCHLUSS
[7] ARTKLNUMMER ← ARTKLNUMMER , 0
[8] ARTKLANZAHL← ARTKLANZAHL , 0
[9] ARTKLPREIS ← ARTKLPREIS , 0
[10] ARTKLNAME ← ARTKLNAME ,[1] 1 13 ρ ' '
[11] RETURNCODE ← FSSETCURSOR 'NUMMER_SCR'
[12] RETURNCODE ← FSWAIT
[13] I ← ρ ARTKLNUMMER
[14] ARTKLNUMMER[I] ←⍕ , FSREAD 'NUMMER_SCR'
[15] ARTKLANZAHL[I] ←⍕ , FSREAD 'ANZAHL_SCR'
[16] ARTKLPREIS[I] ←⍕ , FSREAD 'PREIS_SCR'
[17] ARTKLNAME[I;] ← , FSREAD 'NAME_SCR'
[18] WEITER ← , FSREAD 'WEITER_SCR'
[19] RETURNCODE ← ' ' FSWRITE 'NUMMER_SCR'
[20] RETURNCODE ← ' ' FSWRITE 'ANZAHL_SCR'
[21] RETURNCODE ← ' ' FSWRITE 'PREIS_SCR'
[22] RETURNCODE ← ' ' FSWRITE 'NAME_SCR'
[23] →SCHLEIFE
[24] SCHLUSS:
[25] RETURNCODE ← FSCLEAR
[26] RETURNCODE ← FSCLOSE
[27] 'ES WURDEN ' , (4 0 ⍕ (ρ ARTKLNUMMER)) , ' SAETZE ERFASST'
[28] 'ENDE DER PROZEDUR MENUEERFSSNG'
```

In den Zeilen "[1]" und "[2]" werden die Bestands-Variablen ARTKLNUMMER, ARTKLANZAHL, ARTKLPREIS und ARTKLNAME und in der Zeile "[3]" die Variable WEITER zur Kontrolle des Schleifendurchlaufs eingerichtet.

Als Ergänzung der Struktogramm-Darstellung rufen wir in der Zeile "[4]" die Funktion FSMODE auf, mit der die Bildschirmausstattung angegeben wird. In unserem Fall legt der Parameter "BWGH" fest, daß wir mit einem Schwarzweiß-Bildschirm und einer Auflösung von 640 x 320 Bildschirmpunkten arbeiten.

Die Funktion FSMODE sowie alle von uns verwendeten Funktionen zur Menübearbeitung liefern als Ergebniswert einen Return-Code, der den Verlauf der Funktionsausführung charakterisiert. Die Fehlerfreiheit der Funktionsaufrufs wird durch den Return-Code "0" angezeigt.[5]

Hier und in Folge wird der Return-Code stets der lokalen Variablen RETURNCODE zugewiesen. Dadurch verhindern wir, daß der Return-Code am Bildschirm ausge-

---

[5]Mögliche Werte des Return-Codes sind im Handbuch des APL-Systems aufgeführt.

geben wird. Da wir in unserem Beispiel davon ausgehen, daß die aufgerufenen Prozeduren und Funktionen der Transfer-Datei AP124 fehlerfrei durchlaufen werden, untersuchen wir den Return-Code nicht weiter.

In den Zeilen "[6]" bis "[23]" wird — innerhalb einer Schleife — die Einrichtung neuer Komponenten der Bestands-Variablen beschrieben.

Bevor die Funktion FSWAIT in der Zeile "[12]" zur Ausführung der Dateneingabe aufgerufen wird, muß der Cursor an den Anfang des 1. Erfassungsfeldes, d.h. in das mit der Variablen NUMMER_SCR korrespondierende Erfassungsfeld, positioniert werden. Dies geschieht in der Zeile "[11]" durch den Aufruf der Funktion FSSETCURSOR.

Nachdem wir durch die Ausführung der Funktion FSWAIT — mit der Freigabe der Tastatur — zur Dateneingabe aufgefordert sind, können wir die Daten in die Erfassungsfelder eintragen und unter Einsatz der Cursor-Positionierungstasten, der Delete- und der Insert-Taste korrigieren. Erst nach dem Druck auf die Enter-Taste werden die eingegebenen Daten an den Hilfsprozessor übertragen.

Nach der Ausführung der Funktion FSWAIT ordnen wir in den Zeilen "[14]" bis "[17]" die eingegebenen Werte den Bestands-Variablen zu. Dazu setzen wir die Funktion FSREAD ein, mit der die erfaßten Werte vom Hilfsprozessor abgerufen werden. Für die Variablen NUMMER_SCR, ANZAHL_SCR und PREIS_SCR wird der resultierende Zeichen-Vektor in den zugeordneten numerischen Wert durch den Einsatz des Berechne-Operators "⊥" umgewandelt. Da die Funktion FSREAD eine einzeilige Text-Matrix als Ergebnis liefert, müssen wir zusätzlich den Reihungs-Operator "," einsetzen.

In der Zeile "[18]" wandeln wir die als Ergebnis von FSREAD erhaltene Text-Matrix durch den Reihungs-Operator "," — vor der Zuweisung an die Variable WEITER — in einen Vektor um.

In den Zeilen "[19]" bis "[22]" überschreiben wir mit der Funktion FSWRITE die mit den Erfassungsfeldern korrespondierenden Variablen des Hilfsprozessors — mit Ausnahme von WEITER_SCR — durch Leerzeichen, bevor in Zeile "[23]" der Rücksprung an die Marke SCHLEIFE in Zeile "[6]" durchgeführt wird.

In der Zeile "[6]" wird überprüft, ob das Zeichen "N" bei der zuletzt vorgenommenen Dateneingabe in das mit WEITER_SCR korrespondierende Erfassungsfeld übertragen wurde. In diesem Fall wird hinter die Schleife — in die Zeile "[24]" — gesprungen. Enthält WEITER_SCR dagegen das Zeichen "J", so wird die Erfassung mit der Eingabe der nächsten Artikeldaten fortgesetzt.

Nach dem Sprung aus der Schleife an die Marke SCHLUSS in der Zeile "[24]" wird die Abschlußbehandlung in den Zeilen "[25]" bis "[28]" durchgeführt. Dazu wird mit der Funktion FSCLEAR der Bildschirm gelöscht und durch FSCLOSE die mit FSUSE eröffnete Menüverarbeitung abgeschlossen.

Kapitel 10

Datenausgabe

10.1 Ausgabe von Daten in eine DOS-Datei

Aufgabenstellung

In den vorausgehenden Kapiteln haben wir beschrieben, wie Variable im Arbeitsbereich eingerichtet und mit Werten aus einer DOS-Datei bzw. über eine Tastatureingabe belegt werden können. Jetzt wollen wir zeigen, wie sich Daten aus dem Arbeitsbereich in eine DOS-Datei übertragen lassen. Dazu stellen wir uns die Aufgabe, die Inhalte der Variablen ARTKLNUMMER, ARTKLANZAHL, ARTKLPREIS und ARTKLNAME satzweise in die Datei "BESTAND.TXT" auf einer Diskette im Laufwerk "A:" abzuspeichern. Dabei legen wir fest, daß die Datensätze genauso strukturiert sein sollen, wie wir es in Kapitel 8 beim Einlesen von Daten aus einer DOS-Datei vorausgesetzt haben.

Satzstruktur der Datei BESTAND.TXT:

3-stellige Artikelnummer	3-stellige Artikelanzahl	7-stelliger Artikelpreis (mit Dezimalpunkt und 2 Dezimalstellen)	13-stelliger Artikelname

Hilfsprozessor und Transfer-Datei

Zur Verarbeitung von DOS-Dateien starten wir das APL-System durch

    C>APL AP210

und laden die Objekte der zugehörigen Transfer-Datei mit

)IN FILE

in den Arbeitsbereich.

Eröffnen einer DOS-Datei

Vor der ersten Datenübertragung in die DOS-Datei "BESTAND.TXT" müssen wir
diese Datei zunächst zur *Ausgabe eröffnen*. Hierzu rufen wir die Prozedur WOPEN
mit 2 Parametern in der Form

    5 WOPEN 'A:BESTAND.TXT,D'

auf. Im Unterschied zu der im Kapitel 8 beschriebenen Prozedur OPEN wird durch
WOPEN eine Datei so zur Verarbeitung eröffnet, daß auf sie sowohl lesend als auch
schreibend zugegriffen werden kann.

Die vor der Prozedur WOPEN als 1. Parameter aufgeführte Zahl "5" gibt wiederum
eine Dateinummer an, mit der wir uns in nachfolgenden Anweisungen auf die Datei
"BESTAND.TXT" beziehen. Durch den im 2. Parameter hinter dem Komma angegebenen Buchstaben "D" teilen wir mit, daß es sich bei der Datei "BESTAND.TXT"
um eine DOS-Datei handeln soll, so daß die Zeichen im ASCII-Code verschlüsselt
abzuspeichern sind.

Bei der Ausführung der Prozedur WOPEN wird zunächst nachgeprüft, ob die Datei "BESTAND.TXT" bereits existiert oder ob sie erst eingerichtet werden muß.
Anschließend wird auf den Dateianfang positioniert, so daß bei der 1. Schreibanforderung der Inhalt einer Variablen als Satzinhalt in die DOS-Datei übertragen
werden kann.

Vorbereitungen zur Datenausgabe

Den Text, der als Satzinhalt in die DOS-Datei ausgegeben werden soll, stellen wir
als Zeichenfolge in der Text-Variablen PUFFER zusammen. Für die Inhalte der
i-ten Komponente lassen wir die folgenden Anweisungen ausführen:

$$\text{PUFFER} \leftarrow (3\ 0\ \top\ \text{ARTKLNUMMER[I]}) , (3\ 0\ \top\ \text{ARTKLANZAHL[I]})$$
$$, (7\ 2\ \top\ \text{ARTKLPREIS[I]})$$
$$\text{PUFFER} \leftarrow \text{PUFFER} , \text{ARTKLNAME[I;]} , \text{ENDE}$$

Mit der ersten Anweisung werden die numerischen Werte durch den Einsatz des
Formatiere-Operators "$\top$" in Zeichenwerte umgewandelt und nach der Verkettung
mit dem Operator "," dem Text-Vektor PUFFER zugewiesen. Durch die zweite
Anweisung wird der Artikelname und der Inhalt der Variablen ENDE an den Inhalt
von PUFFER angefügt.

Systemvariable ⎕AV

Der Text-Vektor ENDE muß die beiden *Steuerzeichen* "CR" und "LF" enthalten,
die bei DOS-Dateien zur Verwaltung des Satzendes benötigt werden. Alle Zeichen
des APL-Zeichensatzes sind innerhalb des APL-Systems in einer gesonderten Variablen abgespeichert. Diese Variable wird zur Unterscheidung der vom Anwender
definierten Größen *Systemvariable* genannt. Sie trägt den Namen ⎕AV und wird als
"*Atomic Vector*" bezeichnet.[1] Der Zugriff auf ein Zeichen des APL-Zeichensatzes
erfolgt über den Vektornamen ⎕AV und einen nachfolgenden Indexwert. Da die
Steuerzeichen "CR" und "LF" die Position "130" und "131" haben (siehe Anhang
A.4), können wir auf sie durch die Angabe von

$$\text{⎕AV[130]} \quad \text{bzw.} \quad \text{⎕AV[131]}$$

zugreifen, so daß der gewünschte Inhalt der Variablen ENDE durch die Zuweisung

$$\text{ENDE} \leftarrow \text{⎕AV[130]} , \text{⎕AV[131]}$$

erhalten werden kann.

---

[1] Neben ⎕AV gibt es weitere Systemvariable wie z.B. ⎕IO und ⎕PP (siehe im Anhang unter
A.6).

Schreiben von Datensätzen

Zum *Schreiben* eines vorbereiteten Datensatzes in die Datei "BESTAND.TXT" verwenden wir die Prozedur WRITEV in der Form:

        5 WRITEV PUFFER

Bei der Ausführung dieser Anweisung wird in die durch die Dateinummer "5" gekennzeichnete Datei "BESTAND.TXT" der Inhalt der Text-Variablen PUFFER als aktueller Satz übertragen.

Schließen einer DOS-Datei

Nach dem Schreiben des letzten Satzes melden wir die Datei durch den Aufruf der Prozedur CLOSE in der Form

        CLOSE 5

von der Bearbeitung ab. Mit der Dateinummer "5" beziehen wir uns wiederum auf die unter dieser Nummer mit der Prozedur WOPEN eröffnete Datei "BESTAND.TXT".

Prozedur zur Datenausgabe

Die Lösung unserer Aufgabenstellung beschreiben wir durch das folgende Struktogramm:

Einrichten des Vektors ENDE mit den beiden Steuerzeichen zur Satzende- verwaltung von DOS-Dateien
Eröffnen der Datei BESTAND.TXT zum Schreiben
bis die letzte Artikelnummer bearbeitet ist:
Zusammenstellen eines Satzinhalts in der Text-Variablen PUFFER
Schreiben des Inhalts von PUFFER in die Datei BESTAND.TXT
Schließen der Datei BESTAND.TXT
Bildschirmausgabe der Anzahl der geschriebenen Bestandssätze
Ausgabe von "ENDE DER PROZEDUR SCHREIBEN"

Dieses Struktogramm formen wir wie folgt in die Prozedur SCHREIBEN um[2]:

```
[0] SCHREIBEN ;I;ENDE;PUFFER
[1] ⍝ VERSION 1
[2] ENDE ← □AV[130] , □AV[131]
[3] 5 WOPEN 'A:BESTAND.TXT,D'
[4] I ← 1
[5] SCHLEIFE: → (I > ρ ARTKLNUMMER)  / SCHLUSS
[6] PUFFER ← (3 0 ⍕ ARTKLNUMMER[I]) , (3 0 ⍕ ARTKLANZAHL[I]) ,
(7 2 ⍕ ARTKLPREIS[I])
[7] PUFFER ← PUFFER , ARTKLNAME[I;] , ENDE
[8] 5 WRITEV PUFFER
[9] I ← I + 1
[10] → SCHLEIFE
[11] SCHLUSS: CLOSE 5
[12] 'ES WURDEN' , (4 0 ⍕ (I − 1)) , ' SAETZE GESCHRIEBEN'
[13] 'ENDE DER PROZEDUR SCHREIBEN'
```

Durch den Aufruf dieser Prozedur werden unsere Bestandsdaten in der Form

1.Satz:	123	10	50.20	AUSSENSPIEGEL
2.Satz:	416	20	100.50	WISCHERMOTOR
3.Satz:	512	5	10.20	FUSSMATTE
4.Satz:	713	2	80.50	KOPFSTUETZE

in die Datei "BESTAND.TXT" ausgegeben.

Bildschirmausgabe

Wollen wir uns den Inhalt der in die DOS-Datei ausgegebenen Sätze zusätzlich auf dem Bildschirm anzeigen lassen, so können wir z.B. die oben angegebene Prozedur SCHREIBEN um die Anweisung

```
    PUFFER
```

zwischen den Zeilen "[7]" und "[8]" ergänzen.

---

[2] Wir setzen für die Ausführung dieser Prozedur stets voraus, daß die Diskette keine Datei namens "BESTAND.TXT" enthält.

10.2 Protokollierung auf dem Drucker

Druckausgabe mit dem Hilfsprozessor AP80

Zur *Druckausgabe* auf einem an den Mikrocomputer angeschlossenen Drucker muß der Hilfsprozessor AP80 aktiviert werden. Dazu geben wir beim Start des APL-Systems das Kommando

```
C>APL AP80
```

ein oder aber, falls im selben Dialog zusätzlich der Hilfsprozessor AP210 — für die Ausgabe in eine DOS-Datei — benötigt wird, das Kommando:

```
C>APL AP80 AP210
```

Den Inhalt der zum Hilfsprozessor AP80 gehörenden Transfer-Datei laden wir durch das Systemkommando

```
)IN PRINT
```

in den Arbeitsbereich. Anschließend steht die vom APL-System zur Druckausgabe bereitgestellte Prozedur PRINT zur Verfügung, mit der wir den Wert einer Variablen durch den Aufruf

```
PRINT variable
```

auf dem Drucker ausgeben lassen können.

Zur Druckausgabe der Bestandsdaten ändern wir die oben angegebene Prozedur SCHREIBEN, wie folgt in die Prozedur DRUCKEN ab:

```
[0] DRUCKEN;I;PUFFER
[1] ⍝ VERSION 1
[2] I ← 1
[3] SCHLEIFE: → (I > ρ ARTKLNUMMER) / SCHLUSS
[4] PUFFER ← (3 0 ⍕ ARTKLNUMMER[I]) , (3 0 ⍕ ARTKLANZAHL[I]) ,
(7 2 ⍕ ARTKLPREIS[I])
[5] PUFFER ← PUFFER , ARTKLNAME[I;]
[6] PRINT PUFFER
[7] I ← I + 1
```

[8] → SCHLEIFE
[9] SCHLUSS:
[10] 'ENDE DER PROZEDUR DRUCKEN'

Durch die Ausführung dieser Prozedur erhalten wir die Zeilen

```
123   10    50.20   AUSSENSPIEGEL
416   20   100.50   WISCHERMOTOR
512    5    10.20   FUSSMATTE
713    2    80.50   KOPFSTUETZE
```

auf dem Drucker protokolliert.

Druckaufbereitung

Nachteilig bei dieser Druckausgabe ist die unübersichtliche Darstellung und das
Fehlen einer Erläuterung der ausgegebenen Daten. Daher wollen wir als nächstes
zusätzliche Möglichkeiten der Druckausgabe darstellen — wie z.B. die Ausgabe der
Artikelpreise mit dem Währungszeichen Dollar "$" und das Markieren von Arti-
kelanzahlen, sofern der jeweilige Mindestbestand unterschritten ist.

Für die Ausgabe der 3-stelligen Artikelnummern sehen wir vor, daß zwischen der
ersten und zweiten Ziffer ein Schrägstrich "/" angegeben wird. Im Anschluß an die
Artikelnummer soll der Wert der Differenz aus dem aktuellem Bestand und dem
jeweiligen Mindestbestand ausgegeben werden. Da wir negative Werte für die Differenz optisch hervorheben wollen, sollen negative Werte durch ein vorangestelltes
Minuszeichen "—" und durch drei Sternzeichen "***" gekennzeichnet werden. Bei
der Ausgabe des in Dollar umgerechneten Artikelpreises soll das Währungszeichen
"$" direkt — d.h. ohne die Ausgabe von Leerzeichen — vor der Preisangabe er-
scheinen. Es sollen somit in der Druckliste die folgenden Zeilen ausgegeben werden:

ARTIKELNUMMER	ARTIKELANZAHL −MINDESTBESTAND	ARTIKELPREIS	ARTIKELNAME
1/23	4	$ 85.34	AUSSENSPIEGEL
4/16	15	$ 170.85	WISCHERMOTOR
5/12	−5 ***	$ 17.34	FUSSMATTE
7/13	0	$ 136.85	KOPFSTUETZE

Um diese Form zu erreichen, müssen wir eine *Druckaufbereitung* durchführen.
Wir benutzen hierzu den *Formatiere-Operator* "⊤" und verändern unsere Prozedur DRUCKEN wie folgt (wir setzen voraus, daß der Mindestbestand im Vektor

MINBESTAND im Arbeitsbereich gespeichert ist):

```
[0] DRUCKEN KURS;I;PUFFER
[1] ⍝ VERSION 2
[2] PUFFER ← 'ARTIKELNUMMER' , '     ARTIKELANZAHL '
[3] PUFFER ← PUFFER , 'ARTIKELPREIS' , '    ARTIKELNAME'
[4] PRINT PUFFER
[5] PRINT '                    −MINDESTBESTAND'
[6] I ← 1
[7] SCHLEIFE: → (I > ρ ARTKLNUMMER)  / SCHLUSS
[8] PUFFER ← ('         ' , '5/50') ⍕ ARTKLNUMMER[I]
[9] PUFFER ← PUFFER , ('           ' , '−510⁂')
⍕ (ARTKLANZAHL[I] − MINBESTAND[I])
[10] PUFFER ← PUFFER , ('          ' , □AV[245] , '553.50')
⍕ (ARTKLPREIS[I] × KURS)
[11] ⍝ IN DER SYSTEMVARIABLEN □AV IST AN DER
[12] ⍝ POSITION 245 DAS DOLLARZEICHEN EINGETRAGEN
[13] PUFFER ← PUFFER , '   ' , ARTKLNAME[I;]
[14] PRINT PUFFER
[15] I ← I + 1
[16] → SCHLEIFE
[17] SCHLUSS:
[18] 'ENDE DER PROZEDUR DRUCKEN'
```

PICTURE-Format

Im Unterschied zur Anwendung des Formatiere-Operators "⍕" auf zwei numerische Operanden, setzen wir jetzt den Formatiere-Operator ein, um einen Text-Vektor mit einer numerischen Größe zu verknüpfen. Dabei dient der Text-Vektor als *PICTURE-Format-Maske*, mit der wir angeben, wie der numerische Wert ausgegeben werden soll.[3]

Durch die Prozedurzeilen "[2]", "[3]" und "[5]" spezifizieren wir die beiden Überschriftszeilen.

Die erste Überschriftszeile setzt sich aus 4 Textausgaben zusammen. Bei der Ausgabe der Bestandssätze sollen die jeweiligen Artikeldaten unterhalb dieser Textausgaben rechtsbündig gelistet werden. Deshalb weisen wir in der Prozedurzeile "[8]" der Variablen PUFFER die später auszugebenden Leerzeichen zu und reihen diese Leerzeichen mit einem Text-Vektor, der das Maskenzeichen "5" sowie das auszugebende Zeichen "/" enthält.

---

[3] Die Gesamtheit der möglichen Maskenzeichen ist im Handbuch des APL-Systems beschrieben.

Durch das Maskenzeichen "5" legen wir die Stelle fest, an der jeweils eine Ziffer des rechts vom Formatiere-Operator "$\top$" stehenden Operanden ARTKLNUMMER[I] ausgegeben werden soll. Wollen wir verhindern, daß statt führender oder redundanter Nullen Leerzeichen ausgegeben werden, so müssen wir an der entsprechenden Stelle statt des Maskenzeichens "5" das Maskenzeichen "0" verwenden.

In der Prozedurzeile "[9]" geben wir neben dem Maskenzeichen "5" das Maskenzeichen "1" an. Durch die Angabe von "1" erreichen wir, daß bei negativer Differenz aus ARTKLANZAHL[I] und MINBESTAND[I] die beiden Begrenzungszeichen "−" bzw. "***" direkt — d.h. ohne Leerzeichen — an die erste bzw. letzte Ziffer des negativen Werts der Differenz herangerückt werden. Ist die Differenz nichtnegativ, so werden die Begrenzungszeichen nicht ausgegeben.

Im Unterschied zum Maskenzeichen "1" bewirkt die Verwendung des Maskenzeichens "3" in der Prozedurzeile "[10]" die Ausgabe des Begrenzungszeichens "\$" (als Inhalt von ⎕AV[245]) sowohl bei einem negativen als auch bei einem nichtnegativen Wert des numerischen Operanden.

Die Ausführung der Prozedur DRUCKEN (in der Version 2) durch

    DRUCKEN 1.7

liefert — beim Dollarkurs von DM 1.70 — das oben angegebene Protokoll, sofern wir vor dem Prozeduraufruf der Variablen MINBESTAND die folgenden Werte zugewiesen haben:

    MINBESTAND ← 6 5 10 2

Protokollierung des Bildschirminhalts auf dem Drucker

Ist der Hilfsprozessor AP80 beim Start des APL-Systems geladen worden, so besteht die Möglichkeit, die laufende Bildschirmausgabe bzw. den Inhalt des gesamten Bildschirms auf einem angeschlossenen Drucker protokollieren zu lassen.

Das Druckprotokoll wird durch das gleichzeitige Drücken der beiden Tasten "Ctrl" und "PrtSc" eingeschaltet. Zur Ausschaltung der Protokollierung sind diese beiden Tasten erneut zu drücken.

Soll nur eine *Hardcopy*, d.h. ein Abbild des aktuellen Bildschirminhalts, auf dem Drucker ausgegeben werden, so sind die Tasten "Shift" und "PrtSc" zu betätigen.

Kapitel 11

Kommunikation mit Hilfsprozessoren (Shared Variables)

Aufgabenstellung

Bislang haben wir Prozeduren (Funktionen) aus Transfer-Dateien zur Kommunikation mit den jeweils korrespondierenden Hilfsprozessoren eingesetzt, wie z.B. die Prozeduren WOPEN, WRITEV und CLOSE aus der Transfer-Datei FILE____.AIO zur Kommunikation mit dem Hilfsprozessor AP210 beim Erstellen einer DOS-Datei. Der Einsatz dieser Prozeduren ist bequem und unproblematisch, sofern der Hilfsprozessor die von uns geforderte Leistung fehlerfrei erbringt. In dem Fall jedoch, in dem bei der im Abschnitt 10.1 beschriebenen Prozedur SCHREIBEN etwa nicht mehr genügend Speicherplatz auf unserer Daten-Diskette zur Verfügung steht, bricht die Prozedur WRITEV die weitere Ausführung der Prozedur SCHREIBEN ab und gibt eine Fehlermeldung aus. Um in dieser Situation eine Fehlerbehandlung und damit eine adäquate Weiterführung des Programms zu ermöglichen, darf nicht *mittelbar* über die Prozedur WRITEV, sondern muß *unmittelbar* mit dem Hilfsprozessor AP210 kommuniziert werden.

Als Ergänzung der im Abschnitt 10.1 entwickelten Prozedur SCHREIBEN wollen wir jetzt den Fall behandeln, daß wegen Speicherplatzmangels nur ein Teil der auszugebenden Datensätze auf die Diskette geschrieben werden kann. In dieser Situation sollen wir aufgefordert werden, eine 2. Diskette im Laufwerk "A:" bereitzustellen, damit die restlichen Datensätze auf diese Diskette übertragen werden können.

Zur Lösung dieser Aufgabe müssen wir zunächst kennenlernen, wie die Kommunikationsschnittstelle mit einem Hilfsprozessor aufgebaut ist.

Gemeinsame Variable (Shared Variables)

Neben den Prozeduren und Funktionen, die innerhalb von Transfer-Dateien für die Arbeit mit Hilfsprozessoren bereitgestellt werden, stellt das APL-System weitere Funktionen zur Verfügung, die *Systemfunktionen* genannt werden. Die Namen von

Systemfunktionen werden genauso wie die Namen von Systemvariablen durch das Zeichen "□" eingeleitet. Als Beispiele für Systemfunktionen lernen wir im folgenden die Funktionen □SVO und □SVR kennen (weitere Systemfunktionen sind im Anhang A.6 angegeben). Diese Funktionen werden benötigt, um die Kommunikation mit einem Hilfsprozessor zu ermöglichen.

Jede Anforderung an einen Hilfsprozessor wird vom APL-System an einer *Kommunikationsschnittstelle* übergeben:

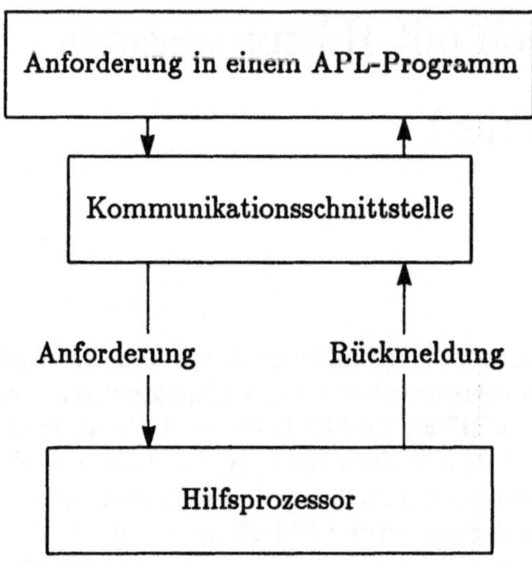

Die Kommunikationsschnittstelle wird durch den Aufruf der Systemfunktion □SVO (Shared Variable Offer) in der Form

        hilfsprozessor_nummer □SVO gemeinsame_variable

wie z.B.

        210 □SVO 'C_AUSGABE'

eingerichtet. Hinter dem Funktionsnamen "□SVO" ist ein Text-Vektor aufzuführen, dessen Wert als Variablenname zur Kennzeichnung eines gesonderten Speicherbereichs im Arbeitsbereich — *"Gemeinsame Variable" (Shared Variable)* genannt — ausgewertet wird. Die Gemeinsame Variable wird mit dem Hilfsprozessor verknüpft, der durch die vor "□SVO" aufgeführte Nummer spezifiert ist. In dem oben angeführten Beispiel wird somit die Gemeinsame Variable C_AUSGABE mit dem Hilfsprozessor AP210 verbunden.

Nach dem Funktionsaufruf wird die erfolgreiche Verknüpfung durch die Bildschirmausgabe des Return-Codes "1" angezeigt.

Jede Anforderung an den Hilfsprozessor muß durch eine Wertzuweisung an eine Gemeinsame Variable in der Form

> gemeinsame_variable ← wert_bzw_anforderung

wie z.B.

> C_AUSGABE ← 5

(zur Anforderung einer Satzausgabe) gestellt werden. Nachdem der Hilfsprozessor die geforderte Leistung erbracht hat, hinterlegt er einen *Return-Code* in der Gemeinsamen Variablen. Der Return-Code gibt an, ob der Hilfsprozessor fehlerfrei gearbeitet hat, oder ob während der Ausführung des Hilfsprozessors ein Fehler aufgetreten ist. Der Wert des zurückgemeldeten Return-Codes ist einerseits vom eingesetzten Hilfsprozessor und andererseits von der Art des Fehlers abhängig. In den meisten Fällen wird die Fehlerfreiheit durch den Wert "0" angezeigt.

Nachdem die Kontrolle vom Hilfsprozessor wieder an das APL-Programm übertragen ist, kann der Return-Code abgefragt werden. Im Fehlerfall läßt sich dann durch geeignete Maßnahmen der Abbruch des Programms verhindern.

Sollen keine Anforderungen mehr an den Hilfsprozessor gestellt werden, so heben wir die Kommunikationsschnittstelle auf. Dazu sind die vereinbarten Gemeinsamen Variablen durch den Aufruf der *monadischen* Systemfunktion ⎕SVR (Shared Variable Retract) in der Form

> ⎕SVR gemeinsame_variable

wie z.B.

> ⎕SVR 'C_AUSGABE'

abzumelden. Durch die Ausgabe des Return-Codes "2" wird bestätigt, daß die Verbindung erfolgreich aufgehoben wurde.

Es ist grundsätzlich möglich, daß mehrere Hilfsprozessoren gleichzeitig mit einem APL-Programm verbunden sind:

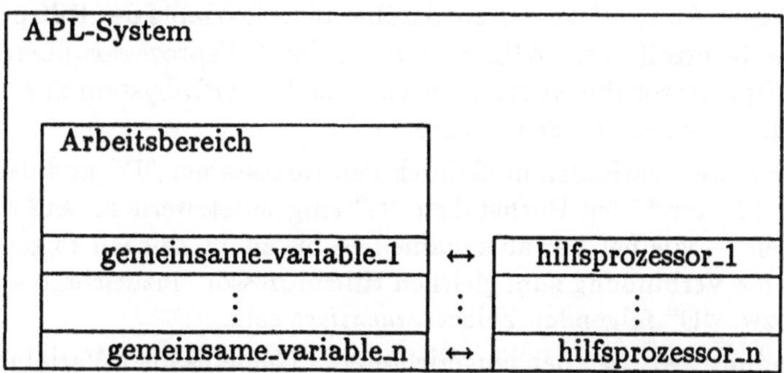

Dazu muß für jeden angeforderten Hilfsprozessor eine eigenständige Kommunikationschnittstelle durch den Aufruf der Systemfunktion ⎕SVO eingerichtet werden.

Dabei ist sicherzustellen, daß sich die Namen der diesbezüglich eingerichteten Gemeinsamen Variablen voneinander unterscheiden.

Bei der Lösung der in den Kapiteln 9 und 10 beschriebenen Aufgaben wurden die für die Kommunikation mit dem jeweiligen Hilfsprozessor notwendigen Gemeinsamen Variablen durch die aufgerufenen Prozeduren bzw. Funktionen der korrespondierenden Transfer-Datei automatisch eingerichtet. Da wir jetzt die Gemeinsamen Variablen selbst verwalten wollen, ist es nicht mehr erforderlich, die zu einem Hilfsprozessor korrespondierende Transfer-Datei zu laden. Es reicht aus, daß wir den erforderlichen Hilfsprozessor beim Start des APL-Systems spezifizieren.

Herstellung der Verbindung mit dem Hilfsprozessor AP210

Zur Lösung unserer oben angeführten Aufgabenstellung verabreden wir nach dem Start des APL-Systems mit


```
C>APL AP210
```


für die Kommunikation mit dem Hilfsprozessor AP210 zwei Gemeinsame Variablen durch den *dyadischen* Aufruf der Systemfunktion □SVO in der Form:


```
210 □SVO 'D_AUSGABE'
210 □SVO 'C_AUSGABE'
```


Der erste Aufruf richtet die Gemeinsame Variable mit dem Namen D_AUSGABE ein und verknüpft diese Variable mit dem Hilfsprozessor AP210. D_AUSGABE soll die zu übertragenden Daten aufnehmen und wird deshalb als *Daten-Variable* bezeichnet.

Durch den zweiten Aufruf wird die Variable C_AUSGABE eingerichtet und ebenfalls mit dem Hilfsprozessor AP210 verbunden. Die Variable C_AUSGABE erfüllt die Funktion einer *Kontroll-Variablen*, da über diese Variable der Hilfsprozessor aktiviert und die Kontrolle vom APL-System an den Hilfsprozessor übergeben wird. Bevor der Hilfsprozessor die Kontrolle wieder an das APL-System zurückgibt, hinterlegt er in dieser Variablen den *Return-Code*.

Der Name der Daten-Variablen muß durch den Buchstaben "D" und der Name der Kontroll-Variable durch den Buchstaben "C" eingeleitet werden. Auf diese beiden Zeichen können — wie bei Variablennamen — bis zu 11 Zeichen folgen. Da beide Variablen für die Verbindung zum gleichen Hilfsprozessor einzurichten sind, müssen die auf "C" bzw. "D" folgenden Zeichen *identisch* sein.

Ob die Verbindung zwischen den eingerichteteten Gemeinsamen Variablen und dem Hilfsprozessor erfolgreich hergestellt werden konnte, läßt sich durch den *monadischen* Aufruf der Systemfunktion □SVO in der Form

⎕SVO 'C_AUSGABE'
⎕SVO 'D_AUSGABE'

überprüfen. Eine erfolgreiche Verbindung zwischen diesen Gemeinsamen Variablen und dem Hilfsprozessor wird durch die Ausgabe der Return-Codes "2" angezeigt. Werden die erwarteten Return-Codes nicht auf dem Bildschirm ausgegeben, so sind der Hilfsprozessor und die Gemeinsamen Variablen nicht miteinander verbunden worden. Dies ist z.B. dann der Fall, wenn der Hilfsprozessor beim Start des APL-Systems nicht angegeben oder bei den Gemeinsamen Variablen die Namenskonvention nicht eingehalten wurde.

Anforderungen an den Hilfsprozessor AP210

Nach dem Einrichten der beiden Gemeinsamen Variablen D_AUSGABE und C_AUSGABE lassen sich Anforderungen an den Hilfsprozessor AP210 in Form von Zuweisungen an die Variable D_AUSGABE und C_AUSGABE formulieren:

D_AUSGABE ← text_vektor	Der Inhalt von D_AUSGABE und C_AUSGABE wird dem Hilfsprozessor vom APL-System übermittelt.
D_AUSGABE ← anforderungscode	Der Hilfsprozessor wertet den Text-Vektor gemäß dem Wert von C_AUSGABE aus und meldet das Resultat in Form einer Statusanzeige als Return-Code in der Variablen C_AUSGABE zurück.

Die zur Lösung unserer Aufgabenstellung erforderlichen Anweisungen stellen wir den ursprünglich — in der Prozedur SCHREIBEN — verwendeten Anweisungen zunächst tabellarisch gegenüber:

Funktion:	Anweisungen innerhalb der Prozedur SCHREIBEN in der Version 1 des Abschnitts 10.1:	entsprechend erforderliche Zuweisung an die Gemeinsamen Variablen:
Eröffnen der DOS-Datei	5 WOPEN 'A:BESTAND.TXT,D'	C_AUSGABE ← 'IW,A:BESTAND.TXT,D'
Schreiben von Daten-sätzen	5 WRITEV PUFFER	D_AUSGABE ← PUFFER C_AUSGABE ← 5
Schließen der DOS-Datei	CLOSE 5	C_AUSGABE ← ⍳ 0

Zum Eröffnen der DOS-Datei "BESTAND:TXT" weisen wir der Kontroll-Variablen C_AUSGABE durch

$$\text{C\_AUSGABE} \leftarrow \text{'IW,A:BESTAND.TXT,D'}$$

einen Text-Vektor zu. Durch die beiden ersten Buchstaben "IW" bestimmen wir, daß auf die Datei "BESTAND.TXT" auf der Diskette im Laufwerk "A:" sowohl lesend als auch schreibend zugegriffen werden kann. Mit dem hinter dem zweiten Komma angegebenen Buchstaben "D" legen wir fest, daß es sich bei der Datei "BESTAND.TXT" um eine DOS-Datei handeln soll.

Jeden Satz, den wir in die DOS-Datei ausgeben wollen, stellen wir zuvor in der Daten-Variablen D_AUSGABE durch die Zuweisungen

$$\text{D\_AUSGABE} \leftarrow (3\ 0\ ⍕\ \text{ARTKLNUMMER[I]}) ,$$
$$(3\ 0\ ⍕\ \text{ARTKLANZAHL[I]}) , (7\ 2\ ⍕\ \text{ARTKLPREIS[I]})$$
$$\text{D\_AUSGABE} \leftarrow \text{D\_AUSGABE} , \text{ARTKLNAME[I;]} , \text{ENDE}$$

zusammen. Soll der Inhalt der Daten-Variablen D_AUSGABE als Satz ausgegeben werden, so ist der Kontroll-Variablen der Wert "5" durch

$$\text{C\_AUSGABE} \leftarrow 5$$

zuzuweisen. Nachdem der Hilfsprozessor den Inhalt von D_AUSGABE als aktuellen Datensatz in die Datei "BESTAND.TXT" übertragen hat, hinterlegt er den Return-Code in der Kontroll-Variablen C_AUSGABE.

Nach dem Schreiben des letzten Satzes melden wir die Datei "BESTAND.TXT" durch die Zuweisung des leeren Vektors

$$\text{C\_AUSGABE} \leftarrow ⍳ 0$$

von der Bearbeitung ab.

Fehler bei einer Schreibanforderung

Kann der Hilfsprozessor AP210 eine Schreibanforderung nicht erfüllen, weil z.B. nicht mehr genügend Speicherplatz auf der Diskette zur Verfügung steht und somit der aktuelle Datensatz nicht übertragen werden kann, so meldet der Hilfsprozessor als Return-Code den Wert "‾48" in der Kontroll-Variablen C_AUSGABE zurück.[1] Bevor wir in dieser Situation eine Fehlerbehandlung einleiten, melden wir zunächst die eröffnete Datei durch die Zuweisung

$$C\_AUSGABE \leftarrow \iota\, 0$$

von der Verarbeitung ab. Diese Zuweisung muß auch dann vorgenommen werden, wenn bereits die erste Schreibanforderung nicht ausgeführt werden konnte.

Abmelden der Verbindung zum Hilfsprozessor AP210

Nach dem Schließen der Datei "BESTAND.TXT" heben wir die Kommunikationsschnittstelle durch den Aufruf der Systemfunktion ⎕SVR in der Form

```
⎕SVR 'C_AUSGABE'
⎕SVR 'D_AUSGABE'
```

wieder auf. Der jeweils protokollierte Return-Code "2" gibt an, daß die Verbindung der Gemeinsamen Variablen mit dem Hilfsprozessor AP210 erfolgreich gelöst wurde.[2]

Struktogramm-Darstellung

Die Lösung unserer Aufgabenstellung beschreiben wir durch das folgende Struktogramm, das wir weiter unten in die Prozedur "SCHREIBEN" umformen werden. Dabei setzen wir der Einfachheit halber voraus, daß der Hilfsprozessor AP210 erfolgreich aktiviert werden kann:

---

[1] Die Return-Codes anderer Fehlersituationen sind im Handbuch des APL-Systems beschrieben.
[2] Die Variablen C_AUSGABE und D_AUSGABE bleiben im Arbeitsbereich eingerichtet.

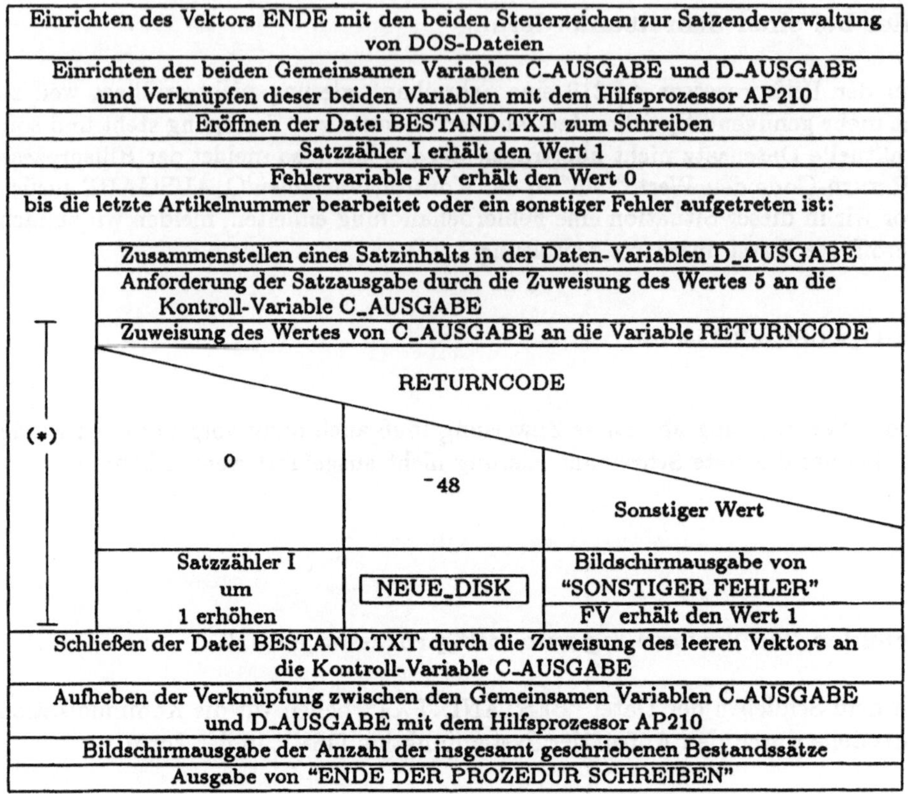

Innerhalb des Schleifenblocks haben wir den *Case-Strukturblock* (*) angegeben. Dieser Strukturblock beschreibt eine *Mehrfachverzweigung*, die von der Indikatorvariablen RETURNCODE gesteuert wird. Nach der Anforderung der Satzausgabe enthält die Variable RETURNCODE den Wert "0" (erfolgreiche Ausführung), "‾48" (Speicherplatzmangel) oder hat einen sonstigen Wert, der eine andere Fehlerart kennzeichnet — in diesem Fall beenden wir die Datenausgabe.

Bei der Ausführung des Case-Blocks wird in Abhängigkeit vom aktuellen Wert der Variablen RETURNCODE die Steuerung an denjenigen Zweig übertragen, dessen Wertangabe mit der Variablen RETURNCODE übereinstimmt. Die Bearbeitung eines Case-Strukturblocks ist dann beendet, wenn alle Anweisungen des angesteuerten Zweigs ausgeführt sind.

In dem durch den Wert "‾48" gekennzeichneten Zweig des Case-Strukturblocks haben wir einen *Prozeduraufruf-Block* in der Form

NEUE_DISK

verwendet. Er steht als Platzhalter stellvertretend für das nachfolgende Struktogramm, dessen Inhalt wir in die Anweisungen der Prozedur NEUE_DISK umformen werden (siehe unten):

Übertragen von "N" in die Variable EIN
Zwischenspeichern des Inhalts der Variablen D_AUSGABE
Schließen der Datei BESTAND.TXT auf der 1. Diskette durch die Zuweisung des leeren Vektors an die Kontroll-Variable C_AUSGABE
solange die Variable EIN nicht das Zeichen "J" enthält:
Bildschirmausgabe von: "FORMATIERTE DISKETTE IN A: EINLEGEN, MIT J UND RETURN BESTAETIGEN"
Anforderung einer Tastatureingabe in die Variable EIN
Bildschirmausgabe der Anzahl der auf die 1. Diskette geschriebenen Bestandssätze
Eröffnen der Datei BESTAND.TXT auf der 2. Diskette zum Schreiben
Übertragen des zwischengespeicherten Werts in die Daten-Variable D_AUSGABE
Anforderung der Satzausgabe durch die Zuweisung des Wertes 5 an die Kontroll-Variable C_AUSGABE
Erhöhen des Satzzählers I um den Wert 1
Ausgabe von "ENDE DER PROZEDUR NEUE_DISK"

Zur Umsetzung des oben angegebenen Case-Strukturblocks verwenden wir die Sprunganweisung für die Mehrfachverzweigung (siehe Abschnitt 6.1), so daß wir aus dem Strukturblock (*) und dem unmittelbar auf den Schleifen-Block folgenden Strukturblock die folgenden Prozedurzeilen ableiten:

SCHLEIFE: $\rightarrow$ ((I > ρ ARTKLNUMMER) $\vee$ (FV = 1)) / SCHLUSS

...

$\rightarrow$ ((RETURNCODE=0) , (RETURNCODE= $^-$48)) / KORREKT , FEHLER
'SONSTIGER FEHLER'
FV $\leftarrow$ 1
$\rightarrow$ SCHLEIFE
FEHLER:NEUE_DISK
$\rightarrow$ SCHLEIFE
KORREKT: I $\leftarrow$ I +1
$\rightarrow$ SCHLEIFE
SCHLUSS: C_AUSGABE $\leftarrow$ ι 0

Prozedur zur Datenausgabe

Die beiden oben angegebenen Struktogramme setzen wir wie folgt in die Prozeduren SCHREIBEN und NEUE_DISK um[3]:

[0] SCHREIBEN;I;ENDE;RETURNCODE;C_AUSGABE;D_AUSGABE
[1] ⍝ VERSION 2
[2] ENDE $\leftarrow$ □AV[130] , □AV[131]

---

[3] Wir setzen für die Ausführung dieser Prozedur voraus, daß die Diskette keine Datei namens "BESTAND.TXT" enthält.

```apl
[3] RETURNCODE ← 210 □SVO 'C_AUSGABE'
[4] RETURNCODE ← 210 □SVO 'D_AUSGABE'
[5] C_AUSGABE ← 'IW,A:BESTAND.TXT,D'
[6] I ← 1
[7] FV ← 0
[8] SCHLEIFE: → ((I > ρ ARTKLNUMMER) ∨ (FV = 1)) / SCHLUSS
[9] D_AUSGABE ← (3 0 ⊤ ARTKLNUMMER[I]) , (3 0 ⊤ ARTKLANZAHL[I]) ,
(7 2 ⊤ ARTKLPREIS[I])
[10] D_AUSGABE ← D_AUSGABE , ARTKLNAME[I;] , ENDE
[11] C_AUSGABE ← 5
[12] RETURNCODE ← C_AUSGABE
[13] → ((RETURNCODE=0) , (RETURNCODE= ¯48)) / KORREKT , FEHLER
[14] 'SONSTIGER FEHLER'
[15] FV ← 1
[16] → SCHLEIFE
[17] FEHLER:NEUE_DISK
[18] → SCHLEIFE
[19] KORREKT: I ← I + 1
[20] → SCHLEIFE
[21] SCHLUSS: C_AUSGABE ← ι 0
[22] RETURNCODE ← □SVR 'C_AUSGABE'
[23] RETURNCODE ← □SVR 'D_AUSGABE'
[24] 'ES WURDEN INSGESAMT' , (4 0 ⊤(I − 1)) , ' SAETZE GESCHRIEBEN'
[25] 'ENDE DER PROZEDUR SCHREIBEN'
```

```apl
[0] NEUE_DISK;EIN;ZWISCHEN
[1] EIN ← 'N'
[2] ZWISCHEN ← D_AUSGABE
[3] C_AUSGABE ← ι 0
[4] BESTAETIGUNG: → ('J'=EIN)/WEITER
[5] 'FORMATIERTE DISKETTE IN A: EINLEGEN, MIT J UND RETURN
BESTAETIGEN'
[6] EIN ← ⍎
[7] → BESTAETIGUNG
[8] WEITER:
[9] 'AUF DER 1. DISKETTE WURDEN' , (4 0 ⊤(I − 1)) , ' SAETZE
GESCHRIEBEN'
[10] C_AUSGABE ← 'IW,A:BESTAND.TXT,D'
[11] D_AUSGABE ← ZWISCHEN
[12] C_AUSGABE ← 5
[13] I ← I + 1
[14] 'ENDE DER PROZEDUR NEUE_DISK'
```

Kapitel 12

Prozeduren und Funktionen

12.1   Vereinbarung einer Prozedur

Struktur von Prozedurkopf und Prozedurrumpf

Im Kapitel 4 haben wir — soweit es für die Vereinbarung der Prozedur
BEWERTUNG erforderlich war — Grundlegendes über das Prozedur-Konzept in
APL kennengelernt. Jetzt wollen wir diese Kenntnisse weiter vertiefen. Mit der
Vereinbarung einer Prozedur wird es möglich, eine oder mehrere Anweisungen
als APL-Programm zusammenzufassen und unter einem Prozedurnamen zu speichern. Anschließend können die Prozeduranweisungen durch den Prozeduraufruf
zur Ausführung gebracht werden. Wird eine Prozedur mit formalen Parametern
— als Platzhalter — formuliert, so kann die Prozedur mit verschiedenen aktuellen
Parametern ausgeführt werden.

Eine Prozedur besteht aus dem Prozedurkopf und dem Prozedurrumpf. Prozeduren
lassen sich danach unterscheiden, ob sie im Prozedurkopf

— ohne formale Parameter als niladische Prozedur,
— mit einem formalen Parameter als monadische Prozedur oder
— mit zwei formalen Parametern als dyadische Prozedur

vereinbart sind.

Prozedurkopf einer niladischen Prozedur:

[0]		prozedur- name		[; lokale_ variable_1]...

wie z.B.:   [0] BESTAND ;NUMMER

Prozedurkopf einer monadischen Prozedur:

[0]		prozedur- name	formaler_ parameter_1	[; lokale_ variable_1]...

wie z.B.:   [0] DRUCKEN KURS ;I;PUFFER

Prozedurkopf einer dyadischen Prozedur:

[0]	formaler_ parameter_2	prozedur- name	formaler_ parameter_1	[; lokale_ variable_1]...

wie z.B.:   [0] PAR_ANZAHL BEWERTUNG PAR_PREIS

Der Kopf einer Prozedur wird in der 1. Prozedurzeile — eingeleitet durch die
Zeilennummer "[0]" — vereinbart. Er enthält den Namen der Prozedur und gege-
benenfalls die Namen der formalen Parameter und der lokalen Variablen.[1]

Prozedurrumpf:

[1]	anweisung_1
[2]	anweisung_2
⋮	⋮
[n]	anweisung_n

Auf den Prozedurkopf folgen die Anweisungen des Prozedurrumpfs, in denen die formalen Parameter als Platzhalter für die beim Prozeduraufruf übergebenen Größen
aufgeführt sind. Im Rumpf einer Prozedur kann in einer Anweisung eine andere
Prozedur — oder auch die Prozedur selbst (rekursiv) — aufgerufen werden. In
beiden Fällen sprechen wir von einem *verschachtelten* Prozeduraufruf.

12.2   Ablaufsteuerung beim Prozeduraufruf

Eine monadische Prozedur läßt sich in der Form

       prozedurname aktueller_parameter_1

---

[1] Bei der Bezeichnung der formalen Parameter und der lokalen Variablen müssen — ebenso wie
beim Prozedurnamen — die Regeln für die Bildung von Variablennamen eingehalten werden. In
APL werden Namen durch einen Buchstaben eingeleitet, dem bis zu 11 Zeichen folgen dürfen.

und eine dyadische Prozedur in der Form

    aktueller_parameter_2   prozedurname   aktueller_parameter_1

aufrufen. Diese Syntax ist konsistent mit der Regel, daß in APL ein monadischer Operator links vom Operanden und ein dyadischer Operator zwischen den beiden Operanden stehen muß.

Bei einem verschachtelten Prozeduraufruf geht die Kontrolle von der *rufenden* an die *aufgerufene* Prozedur über. Die Kontrolle wird erst dann wieder an die rufende Prozedur übergeben, wenn die letzte Anweisung der aufgerufenen Prozedur ausgeführt ist. Nach der Rückkehr in die rufende Prozedur wird diese mit der Anweisung weitergeführt, die der Anweisung mit dem Prozeduraufruf folgt.

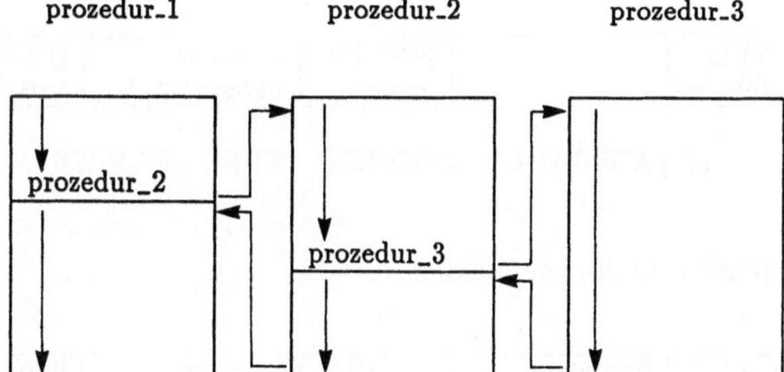

Die maximale Anzahl verschachtelter Prozeduraufrufe ist vom APL-System voreingestellt. Sie kann durch das Systemkommando)STACK in der Form

)STACK

abgefragt und durch

)STACK n

geändert werden, wobei für die ganze Zahl n gilt: $64 \leq n \leq 4096$.

12.3   Funktionen als spezielle Prozeduren

Prozeduraufrufe müssen stets als eigenständige Anweisungen aufgeführt sein. Soll eine Prozedur nur einen *einzigen Ergebniswert* ermitteln, der unmittelbar anschließend in einem arithmetischen Ausdruck als Operand bereitgestellt werden soll, so ist die Vereinbarung einer Funktion anstelle einer Prozedur sinnvoller. Eine *Funktion* liefert nach ihrem Aufruf einen *einzigen* Wert als Ergebniswert. Im Unterschied zum Prozedurkopf enthält der Kopf einer Funktion ergänzend eine Zuweisung an eine *Ergebnisvariable.*

Funktionskopf einer niladischen Funktion:

[0]	ergebnis_ variable ←		prozedur- name		[; lokale_ variable_1]...

wie z.B.:   [0] WERTE_SUMME ← BEWERTUNG ;WERTE

Funktionskopf einer monadischen Funktion:

[0]	ergebnis_ variable ←		prozedur- name	formaler_ parameter_1	[; lokale_ variable_1]...

wie z.B.:   [0] AUSGABE ← DRUCKEN   KURS ;I;PUFFER

Funktionskopf einer dyadischen Funktion:

[0]	ergebnis_ variable ←	formaler_ parameter_2	prozedur- name	formaler_ parameter_1	[; lokale_ variable_1]...

wie z.B.:

[0]WERTE_SUMME ← PAR_ANZAHL BEWERTUNG PAR_PREIS ;I;PUFFER

Der Rumpf einer Funktion unterscheidet sich von einem Prozedurrumpf lediglich dadurch, daß der im Funktionskopf aufgeführten Ergebnisvariablen innerhalb des Funktionsrumpfs mindestens einmal ein Wert zugewiesen werden muß. Nach der Ausführung einer Funktion kann auf den Wert der Ergebnisvariablen nicht mehr zugegriffen werden. Sie wird — als lokale Größe — nur für die Dauer der Funktionsausführung eingerichtet.

Da bei der Ausführung der Funktion eine Zuweisung an die Ergebnisvariable erfolgt, kann ein Funktionsaufruf genauso wie eine Variable als Operand in einer Anweisung angegeben werden.

Bei verschachtelten Funktionsaufrufen, wie z.B.

    funktion_1 (funktion_2 (funktion_3 parameter))

können die Klammern weggelassen werden, da die Auswertungsvorschrift im Einklang mit der Regel für die Auswertung arithmetischer Ausdrücke (siehe Kapitel 2) steht — sie erfolgt von "rechts nach links".

Da sich Funktionen als spezielle Prozeduren auffassen lassen, gelten die folgenden allgemeinen Ausführungen über Prozeduren gleichermaßen für Funktionen — auch wenn dies nicht ausdrücklich beschrieben ist.

12.4 Parameterübergabe

Beim Prozeduraufruf werden die *formalen* Parameter durch die korrespondierenden *aktuellen* Parameter, die beim Prozeduraufruf — zusammen mit dem Prozedurnamen — angegeben werden müssen, ersetzt. Die Anweisungen der Prozedur werden anschließend mit den Werten der aktuellen Parameter ausgeführt.

Die Zuordnung der aktuellen zu den formalen Parametern erfolgt stets durch ihre Reihenfolge in den korrespondierenden Parameterangaben des Prozedurkopfs bzw. des Prozeduraufrufs:

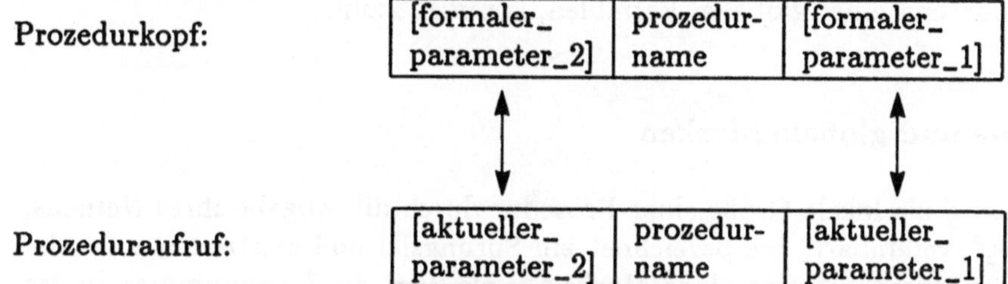

Wird beim Prozeduraufruf anstelle eines Variablennamens ein Skalar oder eine Reihung von Werten als aktueller Parameter übergeben, so werden die angegebenen Werte dem jeweils korrespondierenden formalen Parameter des Prozedurkopfs zugeordnet.

12.5 Lokale und globale Variable

Globale Variable werden im Arbeitsbereich eingerichtet durch eine Zuweisung
— im Ausführungsmodus oder
— während der Ausführung einer Prozedur, falls diese Variablen im Kopf
  der aufgerufenen Prozedur nicht als lokale Variable vereinbart sind.

Auf die Werte einer globalen Variablen kann auch nach der Ausführung einer Prozedur zugegriffen werden. Dies bedeutet, daß sich der Gültigkeitsbereich einer globalen Variablen — bei verschachtelten Prozeduraufrufen — auf die aufgerufene Prozedur und alle in der Folge aufgerufenen Prozeduren erstreckt.

Anders ist dies bei lokalen Variablen. Eine *lokale* Variable existiert nur für die Dauer der Ausführung der Prozedur, in der sie deklariert ist. Ihr Gültigkeitsbereich beschränkt sich jedoch nicht nur auf die Prozedur, in der sie vereinbart ist, sondern auch auf alle von ihr aufgerufenen Prozeduren. Für die aufgerufene Prozedur ist in diesem Fall die lokale Variable der rufenden Prozedur eine globale Variable.

Ist in der aufgerufenen Prozedur eine Variable mit dem *gleichen* Namen vereinbart, so wird während der Ausführung der aufgerufenen Prozedur die namensgleiche globale Variable durch die lokale Variable "zugedeckt". Dies hat zur Folge, daß bei einer Wertzuweisung in der aufgerufenen Prozedur an die namensgleiche Variable eine Zuweisung an die lokale — und nicht an die globale — Variable erfolgt. Die globale Variable steht in diesem Fall erst nach der Ausführung der gerufenen Prozedur mit unverändertem Wert — d.h. dem Wert vor dem Prozeduraufruf — wieder zur Verfügung.

Eine in einer Prozedur verwendete Variable sollte im Prozedurkopf immer dann als lokale Variable deklariert werden, wenn diese Variable nach der Ausführung der Prozedur nicht mehr verwendet wird. Dies hat den Vorteil, daß wir uns einerseits beim Schreiben von Prozeduren keine Gedanken über mögliche Namenskollisionen zu machen brauchen und es andererseits nicht zu *Seiteneffekten*, d.h. einer unbeabsichtigten Änderung einer globalen Variablen, kommen kann.

12.6   Lokale und globale Marken

Eine *Marke* wird als lokale Größe einer Prozedur durch die Angabe ihres Namens, gefolgt von ":" vereinbart. Sie bezeichnet ein Sprungziel und existiert nur für die Dauer der Prozedurausführung. Jede Marke hat als Wert die Zeilennummer, in der sie vereinbart ist.

Falls in einer aufgerufenen Prozedur eine Marke gleichen Namens vereinbart ist, so wird — wie wir es bereits bei der Beschreibung der lokalen Variablen kennengelernt haben — während der Ausführung der aufgerufenen Prozedur die namensgleiche globale Marke durch die lokale Marke "zugedeckt".

12.7   Gültigkeitsbereiche

Nach den vorangegangenen Erörterungen sind die folgenden Größen als *lokale Objekte* einer Prozedur zu betrachten:

— die im Kopf einer Prozedur (Funktion) aufgeführten formalen Parameter,
— die im Kopf einer Prozedur (Funktion) aufgeführten lokalen Variablen,
— die im Kopf einer Funktion aufgeführte Ergebnisvariable und
— die im Rumpf einer Prozedur (Funktion) vereinbarten Marken.

Im folgenden wollen wir an einem Beispiel den Gültigkeitsbereich von Variablen und
Marken darstellen. Wir modifizieren dazu die Aufgabenstellung des Abschnitts 10.2.
Die Werte der Variablen ARTKLNUMMER, ARTKLANZAHL und ARTKLPREIS
sollen nicht auf dem Drucker, sondern auf dem Bildschirm ausgegeben werden.
Dabei soll die Ausgabe von Artikeldaten nur dann erfolgen, wenn der jeweilige Min-
destbestand unterschritten ist. Zur temporären Speicherung dieser auszugebenden
Bestellsätze richten wir die Variablen B_NUMMER, B_ANZAHL und B_PREIS ein.

Die Lösung dieser Aufgabenstellung beschreiben wir durch das folgende Struktogramm, das wir später in die Prozedur HAUPT umsetzen:

<table>
<tr><td colspan="1">Einrichten der Variablen B_NUMMER, B_ANZAHL und
B_PREIS</td></tr>
<tr><td>Satzzähler ZAEHLER1 erhält den Wert 1</td></tr>
<tr><td>Satzzähler ZAEHLER2 erhält den Wert 1</td></tr>
<tr><td>solange der Wert des Satzzählers ZAEHLER1 nicht größer als die Anzahl der Bestandssätze ist:

| DIFFERENZ |

Erhöhen des Satzzählers ZAEHLER1 um den Wert 1</td></tr>
<tr><td>| UEBERSCHRIFT |</td></tr>
<tr><td>| LISTE(ZAEHLER2 − 1) |</td></tr>
<tr><td>Bildschirmausgabe der Anzahl der insgesamt gelesenen Bestandssätze</td></tr>
<tr><td>Ausgabe von "ENDE DER PROZEDUR HAUPT"</td></tr>
</table>

Der in diesem Struktogramm verwendete *Prozeduraufruf-Block* DIFFERENZ steht
als Platzhalter für das folgende Struktogramm, das wir weiter unten in die gleich-
namige Prozedur umformen:

Da der durch die Prozeduraufruf-Blöcke UEBERSCHRIFT und BESTELLUNG
beschriebene Programmablauf linear ist, geben wir nur noch das Struktogramm für
die Prozedur LISTE an, das sich wie folgt darstellt:

Variable ZAEHLER1 erhält den Wert 1
solange der Wert der Variablen ZAEHLER1 kleiner oder gleich ZAEHLER2, d.h. der Anzahl der Bestellsätze ist:
Zusammenstellen eines Bestellsatzes in der Text-Variablen AUSGABE Bildschirmausgabe der Text-Variablen AUSGABE Erhöhen der Variablen ZAEHLER1 um den Wert 1
Bildschirmausgabe der insgesamt ermittelten Bestellsätze

Die oben angegebenen Struktogramme setzen wir wie folgt in die Prozeduren
HAUPT, DIFFERENZ, BESTELLUNG, UEBERSCHRIFT und LISTE um:

```
[0] HAUPT ;ZAEHLER1;ZAEHLER2;B_NUMMER;B_ANZAHL; B_PREIS
[1] ⍝ VERSION 1
[2] B_NUMMER ← B_ANZAHL ← B_PREIS ← 0 ρ 0
[3] ZAEHLER1 ← 1
[4] ZAEHLER2 ← 1
[5] SCHLEIFE: → (ZAEHLER1 > ρ ARTKLNUMMER) / SCHLUSS
[6] DIFFERENZ
[7] ZAEHLER1 ← ZAEHLER1 + 1
[8] → SCHLEIFE
[9] SCHLUSS: UEBERSCHRIFT
[10] LISTE(ZAEHLER2 - 1)
[11] 'ES WURDEN' , (4 0 ⍕ (ZAEHLER1 - 1)) , ' SAETZE GELESEN'
[12] 'ENDE DER PROZEDUR HAUPT'
```

[0] DIFFERENZ
[1] →((ARTKLANZAHL[ZAEHLER1] −
MINBESTAND[ZAEHLER1])>0)/SCHLUSS
[2] BESTELLUNG
[3] ZAEHLER2 ← ZAEHLER2 + 1
[4] SCHLUSS:

[0] BESTELLUNG
[1] B_NUMMER ← B_NUMMER , 0
[2] B_ANZAHL ← B_ANZAHL , 0
[3] B_PREIS ← B_PREIS , 0
[4] B_NUMMER[ZAEHLER2] ← ARTKLNUMMER[ZAEHLER1]
[5] B_ANZAHL[ZAEHLER2] ← ARTKLANZAHL[ZAEHLER1]
[6] B_PREIS[ZAEHLER2] ← ARTKLPREIS[ZAEHLER1]

[0] UEBERSCHRIFT
[1] 'BESTELLISTE'
[2] 'ARTIKELNUMMER' , ' ARTIKELANZAHL' , ' ARTIKELPREIS'

[0] LISTE ZAEHLER2 ;ZAEHLER1;AUSGABE
[1] ZAEHLER1 ← 1
[2] SCHLEIFE: → (ZAEHLER1 > ZAEHLER2)/SCHLUSS
[3] AUSGABE ← (13 0 ⍕ B_NUMMER[ZAEHLER1]) ,
(15 0 ⍕ B_ANZAHL[ZAEHLER1])
[4] AUSGABE , (14 2 ⍕ B_PREIS[ZAEHLER1])
[5] ZAEHLER1 ← ZAEHLER1 + 1
[6] → SCHLEIFE
[7] SCHLUSS:
[8] 'ES SIND' , (4 0 ⍕ (ZAEHLER1 − 1)) , ' ARTIKEL ZU BESTELLEN'

Der Aufruf der Prozedur HAUPT liefert — mit den Werten der Variablen
MINBESTAND des Abschnitts 10.2 — die folgende Bildschirmausgabe:

```
BESTELLISTE
ARTIKELNUMMER    ARTIKELANZAHL    ARTIKELPREIS
          512               5            10.20
          713               2            80.50
ES SIND    2 ARTIKEL ZU BESTELLEN
ES WURDEN    4 SAETZE GELESEN
ENDE DER PROZEDUR HAUPT
```

Bevor wir die Gültigkeitsbereiche der verwendeten Variablen und Marken graphisch darstellen, wollen wir nochmals die für den Programmablauf wichtigsten Anweisungen aufführen:

```
Prozedur HAUPT

   ZAEHLER1 ←  1
   ZAEHLER2 ←  1
   SCHLEIFE:

         ┌─────────────────────────────────────────┐
         │   Prozedur DIFFERENZ                     │
         │                                          │
         │      ┌───────────────────────────┐       │
         │      │   Prozedur BESTELLUNG      │       │
         │      └───────────────────────────┘       │
         │                                          │
         │      ZAEHLER2 ←  ZAEHLER2 + 1            │
         │      SCHLUSS:                             │
         └─────────────────────────────────────────┘

   ZAEHLER1 ←  ZAEHLER1 + 1
   → SCHLEIFE
   SCHLUSS:

         ┌─────────────────────────────────────────┐
         │   Prozedur UEBERSCHRIFT                  │
         └─────────────────────────────────────────┘

         ┌─────────────────────────────────────────┐
         │   Prozedur LISTE                         │
         │      ZAEHLER1 ←  1                        │
         │      SCHLEIFE:                            │
         │      ZAEHLER1 ←  ZAEHLER1 + 1            │
         │                                          │
         │      → SCHLEIFE                          │
         │      SCHLUSS:                             │
         │      Ausgabe von ZAEHLER1 - 1            │
         └─────────────────────────────────────────┘

   Ausgabe von ZAEHLER1 - 1
   'ENDE DER PROZEDUR HAUPT'
```

Wir geben nachfolgend eine Tabelle an, aus welcher der Gültigkeitsbereich der verwendeten Variablen und Marken abgelesen werden kann:

```
Arbeits-  .Prozedur         .Prozedur   .Prozedur
bereich   .HAUPT            .DIFFERENZ  .LISTE
          .                 .           .
A.A.A.M.  .Z.Z.B.B.B.S.S. . . .S. . . .Z.Z.A.S.S
R.R.R.I.  .A.A._._._.C.C. . . .C. . . .A.A.U.C.C
T.T.T.N.  .E.E.N.A.P.H.H. . . .H. . . .E.E.S.H.H
K.K.K.B.  .H.H.U.N.R.L.L. . . .L. . . .H.H.G.L.L
L.L.L.E.  .L.L.M.Z.E.E.U. . . .U. . . .L.L.A.E.U
N.A.P.S.  .E.E.M.A.I.I.S. . . .S. . . .E.E.B.I.S
U.N.R.T.  .R.R.E.H.S.F.S. . . .S. . . .R.R.E.F.S
M.Z.E.A.  .1.2.R.L. .E. . . . . . . . .2.1. .E.
M.A.I.N. . . . . . . . . . . . . . . . . . . .
E.H.S.D. . . . . . . . . . . . . . . . . . .
R.L.     . . . . . . . . . . . . . . . . . .
```

```
+-------------------------------------------------------------------+
| Arbeitsbereich .+.+.+.+.                                           |
|                                                                   |
| +---------------------------------------------------------------+ |
| | HAUPT      .+.+.+.+. .+.+.+.+.+.+.+. . . . . . . . . . . . .  | |
| |            .+.+.+.+. .+.+.+.+.+.+.+. . . . . . . . . . . . .  | |
| |                                                               | |
| | +-----------------------------------------------------------+ | |
| | | DIFFERENZ .+.+.+.+. .+.+.+.+.+.+. . . . .+. . . . . . .    | | |
| | |           .+.+.+.+. .+.+.+.+.+.+. . . . .+. . . . . . .    | | |
| | |                                                           | | |
| | | +-------------------------------------------------------+ | | |
| | | | BESTELLUNG .+.+.+.+. .+.+.+.+.+.+. . . . .+. . . . . . | | | |
| | | |            .+.+.+.+. .+.+.+.+.+.+. . . . .+. . . . . . | | | |
| | | +-------------------------------------------------------+ | | |
| | +-----------------------------------------------------------+ | |
| |                                                               | |
| | +-----------------------------------------------------------+ | |
| | | UEBERSCHRIFT .+.+.+.+. .+.+.+.+.+.+.+. . . . . . . . . . . | | |
| | |              .+.+.+.+. .+.+.+.+.+.+.+. . . . . . . . . . . | | |
| | +-----------------------------------------------------------+ | |
| |                                                               | |
| | +-----------------------------------------------------------+ | |
| | | LISTE      .+.+.+.+. . . .+.+.+. . . . . . . . . .+.+.+.+.+| | |
| | |            .+.+.+.+. . . .+.+.+. . . . . . . . . .+.+.+.+.+| | |
| | +-----------------------------------------------------------+ | |
| |                                                               | |
| |            .+.+.+.+. .+.+.+.+.+.+.+. . . . . . . . . . . . .  | |
| +---------------------------------------------------------------+ |
|                                                                   |
|            .+.+.+.+. . . . . . . . . . . . . . . . . . . . . .    |
+-------------------------------------------------------------------+
```

In dieser Tabelle sind die Namen der Variablen und Marken und die Programmteile, in denen diese Größen definiert sind, am Tabellenanfang aufgeführt. Durch das Zeichen "+" ist kenntlich gemacht, in welchen Programmteilen auf welche Objekte

zugegriffen werden kann. Aus dieser Tabelle können wir z.B. erkennen, daß eine
Zuweisung in der Prozedur LISTE an die lokale Variable ZAEHLER1 — und nicht
an die namensgleiche globale Variable aus der Prozedur HAUPT — erfolgt. Der
Wert der (aus der Sicht der Prozedur LISTE) globalen Variablen ZAEHLER1 steht
in der Prozedur HAUPT erst nach der Ausführung der Prozedur LISTE wieder zur
Verfügung. Die globale Variable ZAEHLER1 dient als Satzzähler für die Anzahl der
insgesamt gelesenen Bestandssätze, während in der Prozedur LISTE die namensgleiche lokale Variable zur Steuerung des Schleifendurchlaufs für die Ausgabe der
Bestellsätze dient.

12.8   Parameterübergabe von mehr als 2 Parametern

Wie aus der syntaktischen Darstellung des Kopfes einer Prozedur hervorgeht,
können einer Prozedur — analog zur Anzahl der Operatoren bei einem Operator — maximal 2 Parameter übergeben werden.

Mit der folgenden Aufgabenstellung wollen wir zeigen, wie wir durch den Einsatz
des Berechne-Operators "⍋" *mehr als 2* Parameter an eine Prozedur weiterreichen
können.

Wir stellen uns dazu die Aufgabe, die oben angegebene Prozedur HAUPT so zu
verändern, daß wir durch ihren Aufruf für jedes von 3 Lägern die jeweils aktuellen
Bestandsdaten bereitstellen können. Da wir dazu als Größen die Artikelnummern,
die Artikelanzahlen und die Artikelpreise zur Verfügung stellen müssen, ist ein Prozeduraufruf mit nur 2 Parametern nicht mehr möglich. Da in APL nicht mehr als
2 Parameter übergeben werden können, ist *künstlich* ein Parameter zu bilden, der
innerhalb der Prozedur geeignet "zerlegt" wird.
Unter der Voraussetzung, daß die Artikeldaten z.B. des ersten Lagers in den Variablen NUMMER_L1, ANZAHL_L1 und PREIS_L1 enthalten sind, richten wir im
Arbeitsbereich die Text-Variable LAGER_L1 durch die folgende Zuweisung ein:

$$\text{LAGER\_L1} \leftarrow \text{'NUMMER\_L1ANZAHL\_L1PREIS\_L1'}$$

Da wir diesen Text-Vektor an den formalen Parameter LAGER der Prozedur HAUPT übergeben und schließlich seine Bestandteile den lokalen Variablen
ARTKLNUMMER, ARTKLANZAHL und ARTKLPREIS zuweisen wollen, modifizieren wir die Prozedur HAUPT folgendermaßen:[2]

---

[2] Da der Inhalt der Prozedurzeile "[0]" nicht in eine Bildschirmzeile paßt, nehmen wir anstelle der
zeilenorientierten Modifikation (siehe Anhang A.2) eine bildschirmorientierte Veränderung (siehe
Anhang A.3) vor.

```
[0] HAUPT LAGER ;ZAEHLER1;ZAEHLER2;B_NUMMER;B_ANZAHL;
B_PREIS;ARTKLNUMMER;ARTKLANZAHL;ARTKLPREIS
[1] ⍝ VERSION 2
[1.1] ARTKLNUMMER ← ⍙ ((9 ρ 1),(9 ρ 0),(8 ρ 0))/LAGER
[1.2] ARTKLANZAHL - ⍙ ((9 ρ 0),(9 ρ 1),(8 ρ 0))/LAGER
[1.3] ARTKLPREIS ← ⍙ ((9 ρ 0),(9 ρ 0),(8 ρ 1))/LAGER
```

Dabei ordnen wir durch die Prozedurzeilen "[1.1]", "[1.2]" und "[1.3]" den jetzt als lokale Objekte verabredeten Variablen ARTKLNUMMER, ARTKLANZAHL und ARTKLPREIS die korrespondierenden Artikeldaten des ersten Lagers zu, indem wir mit Hilfe des Komprimiere-Operators "/" den Text-Vektor LAGER geeignet reduzieren und das jeweilige Ergebnis anschließend mit dem Berechne-Operator "⍙" in die numerischen Variablen NUMMER_L1, ANZAHL_L1 und PREIS_L1 umwandeln.

Mit der derart modifizierten Prozedur HAUPT lassen sich die Bestellsätze für das erste Lager durch den Aufruf

```
HAUPT  LAGER_L1
```

am Bildschirm anzeigen.

12.9   Unterbrechen der Prozedurausführung

In Kapitel 4 haben wir beschrieben, wie wir den Ablauf einer Prozedurausführung verfolgen können. Dazu haben wir einem Trace-Vektor die Nummern der Prozedurzeilen — deren Ausführung bei der Prozedurausführung protokolliert werden sollen — zugewiesen.

Im folgenden stellen wir dar, wie wir die Ausführung einer Prozedur zeitweilig *unterbrechen* (suspendieren), beliebige APL-Anweisungen eingeben und anschließend die Prozedurausführung fortsetzen können.

Zur Demonstration verwenden wir die oben beschriebene Prozedur HAUPT in der Version 1. Wir wollen dabei den korrekten Programmablauf bzgl. der Verarbeitung des ersten und des letzten Bestandssatzes überprüfen.

In unserer Situation wollen wir die Prozedur HAUPT vor dem ersten Aufruf der Prozedur DIFFERENZ — in der Prozedurzeile "[6]" — unterbrechen und führen deshalb folgende Zuweisung durch:

```
S∆HAUPT ← 6
```

Hierdurch richten wir den zu der Prozedur HAUPT gehörigen *Stop-Vektor* ein, dessen Name — ähnlich wie beim Trace-Vektor — aus den beiden Zeichen "S∆" und dem Prozedurnamen besteht.[3]

---

[3]Ebenso wie der Trace-Vektor ist der Stop-Vektor keine Variable. Beide Vektoren dürfen deshalb nicht als Operanden verwendet werden oder auf der rechten Seite einer Zuweisung auftreten.

Der anschließende Aufruf der Prozedur HAUPT liefert dann die Ausgabe von:

HAUPT[6]

Dies bedeutet, daß die Ausführung der Prozedur HAUPT *vor* der Prozedurzeile
"[6]" anhält. Jetzt können beliebige APL-Anweisungen und Systemkommandos
eingegeben werden.
Wollen wir z.B. den aktuellen Wert der Variablen ZAEHLER1 abfragen, so geben
wir

    ZAEHLER1

ein und erhalten den Wert

1

ausgegeben.
Zur Fortsetzung der unterbrochenen (suspendierten) Prozedur HAUPT geben wir
eine unbedingte Sprunganweisung ein. In dieser Sprunganweisung führen wir die
Nummer der Prozedurzeile auf, in der die Prozedurausführung fortgesetzt werden
soll. Hier geben wir

    $\rightarrow 6$

ein und erreichen somit, daß die Anweisungen des Schleifenblocks — die Prozedurzeilen "[6]", "[7]", "[8]" und "[5]" — ausgeführt werden.
Da wir in der Schleife nur noch den letzten Bestandssatz verarbeiten lassen wollen,
beantworten wir die nächste Bildschirmausgabe

HAUPT[6]

mit den beiden APL-Anweisungen:

    ZAEHLER1 $\leftarrow \rho$ ARTKLNUMMER
    $\rightarrow 6$

Wollen wir die Ausführung der Prozedur HAUPT schon nach der Verarbeitung des
ersten Bestandssatzes beenden, so geben wir statt der unbedingten Sprunganweisung "$\rightarrow 6$" die Zeilennummer des Prozedurkopfes in der Form

    $\rightarrow 0$

als Ziel des unbedingten Sprungs ein.
Soll die Unterbrechungsanforderung für die Prozedurausführung wieder gelöscht
werden, so müssen wir den *leeren Vektor* durch

$$S\triangle HAUPT \leftarrow \iota\, 0$$

oder den Wert "0" in der Form

$$S\triangle HAUPT \leftarrow 0$$

dem Stop-Vektor zuweisen.

Abschließend weisen wir darauf hin, daß die Zuweisung an einen Stop-Vektor auch innerhalb einer Prozedur vorkommen kann. So läßt sich z.B. durch die Erweiterung der Prozedur HAUPT mit den Prozedurzeilen "[5.1]" und "[9.1]" in der Form

[5.1] S$\triangle$HAUPT $\leftarrow$ 8 $\times$ (ZAEHLER1=ρ ARTKLNUMMER)
[9.1] S$\triangle$HAUPT $\leftarrow \iota\, 0$

erreichen, daß wir die Prozedur HAUPT erst vor der Verarbeitung des letzten Bestandssatzes durch die Prozedur DIFFERENZ unterbrechen und vor dem Ende der Prozedur HAUPT die Unterbrechungsanforderung im Stop-Vektor S$\triangle$HAUPT aus dem Arbeitsbereich löschen.[4]

12.10   Die Status-Indikator-Liste

Bisher haben wir gezeigt, wie wir mit Hilfe eines Stop-Vektors eine Prozedurausführung unterbrechen (suspendieren) können. Eine Prozedur wird auch dann *suspendiert*, wenn bei ihrer Ausführung ein Fehler auftritt oder wenn wir die Prozedurausführung durch die *Escape-Taste* bzw. die Tastenkombination *"Ctrl+Break"* anhalten.

Durch die Suspendierung einer Prozedur wird jede in der Aufrufhierarchie über ihr angesiedelte Prozedur *blockiert*. Bei einer blockierten Prozedur kann die Ausführung nicht fortgesetzt werden, weil eine von ihr aufgerufene Prozedur noch nicht beendet ist. Eine blockierte Prozedur wird auch als *hängende* (pendent) Prozedur bezeichnet.

Da sich nach einer Unterbrechung einzelne Anforderungen eingeben lassen, können wir uns durch die Eingabe des Systemkommandos)SI in der Form

)SI

die Aufrufhierarchie aller suspendierten und hängenden Prozeduren ausgeben lassen.

Diese Darstellung — die *Status-Indikator-Liste* — enthält alle aufgerufenen, unterbrochenen und die als Folge der Suspendierung hängenden Prozeduren. In ihr sind

---

[4]Da eine Marke die Zeilennummer, in der sie vereinbart ist, als Wert hat, können wir als Sprungziel statt einer Zeilennummer auch einen geeigneten Markennamen eingeben.

die Prozedurnamen so geordnet, daß die zuerst aufgerufene Prozedur am unteren
Ende und die zuletzt aufgerufene Prozedur am Anfang der Liste aufgeführt ist.

Wir betrachten hierzu wieder die oben angegebenen Prozeduren aus der
Lösungsversion 1 und setzen voraus, daß wir die beiden Stop-Vektoren
"S△BESTELLUNG" und "S△LISTE" durch

    S△BESTELLUNG ← 1
    S△LISTE ← 7

eingerichtet haben.

Nach dem Aufruf der Prozedur HAUPT wird

BESTELLUNG[1]

ausgegeben. Dies zeigt uns an, daß die Ausführung der Prozedur BESTELLUNG
in der Prozedurzeile "[1]" suspendiert ist und eine Eingabe erwartet wird.

Die Eingabe des Systemkommandos)SI liefert:

* BESTELLUNG[1]
  DIFFERENZ[2]
  HAUPT[6]

Diese Status-Indikator-Liste gibt an, daß die als erste aufgerufene Prozedur HAUPT
und die innerhalb der Prozedurzeile "[6]" der Prozedur HAUPT aufgerufene Prozedur DIFFERENZ blockiert sind, während die in der Zeile "[2]" von DIFFERENZ
aufgerufene Prozedur BESTELLUNG in der 1. Zeile suspendiert ist, was durch
einen dem Prozedurnamen vorangestellten Stern "*" angezeigt wird.[5]

Falls wir im Anschluß an die Eingabe des Systemkommandos)SI statt der Sprunganweisung

    → 1

zur Fortsetzung der Prozedurausführung von BESTELLUNG in der Prozedurzeile
"[1]" die Prozedur LISTE durch die Eingabe von

    LISTE(ZAEHLER2 − 1)

aufrufen — um uns die bisher ermittelten Bestellsätze ausgeben zu lassen —, so
wird die Unterbrechung dieser Prozedur durch die Bildschirmausgabe von

---

[5]Im Gegensatz zu den blockierten Prozeduren DIFFERENZ und HAUPT können wir die suspendierte Prozedur BESTELLUNG während der Unterbrechung nachträglich verändern. Der Ver-
such, eine hängende Prozedur zu ändern, führt zu einer Fehlermeldung.

LISTE[7]

angezeigt.

Geben wir anschließend das Systemkommandos)SI erneut ein, so erhalten wir die folgende Status-Indikator-Liste:

* LISTE[7]
* BESTELLUNG[1]
 DIFFERENZ[2]
 HAUPT[6]

In den letzten drei Zeilen der Status-Indikator-Liste werden die suspendierten und blockierten Prozeduren des ersten Aufrufs der Prozedur HAUPT angezeigt. Die erste Zeile enthält die Information, daß die Prozedur LISTE in der Zeile "[7]" unterbrochen wurde und nicht blockiert ist.

Um die zuletzt suspendierte Prozedur LISTE (und ggf. die zuletzt blockierten Prozeduren) zu beenden und damit aus der Status-Indikator-Liste zu löschen, müssen wir eine Sprunganweisung ohne Sprungmarke — eine *niladische Sprunganweisung* — in der Form

$$\rightarrow$$

eingeben.[6]

Setzen wir im Anschluß an die niladische Sprunganweisung erneut das Systemkommando)SI ein, so erhalten wir die folgende Status-Indikator-Liste:

* BESTELLUNG[1]
 DIFFERENZ[2]
 HAUPT[6]

Jetzt läßt sich die Ausführung der suspendierten Prozedur BESTELLUNG durch die Eingabe der Sprunganweisung "$\rightarrow$ 1" in der Prozedurzeile "[1]" fortsetzen, so daß die bislang hängenden Prozeduren DIFFERENZ und HAUPT weiter ausgeführt werden können. Nach der Beendigung der Prozedur HAUPT ist die Status-Indikator-Liste leer.

Wollen wir in einer Fehlersituation oder einer von uns ausgelösten Unterbrechung sämtliche suspendierten und blockierten Prozeduren beenden und somit aus der Status-Indikator-Liste löschen, so ist es erforderlich, für jede durch einen Stern "*" gekennzeichnete — suspendierte — Prozedur jeweils eine niladische Sprunganweisung einzugeben. Durch die sukzessive Eingabe niladischer Sprunganweisungen

---

[6] In dieser Situation könnten wir die suspendierte Prozedur LISTE auch durch die Eingabe der Sprunganweisung "$\rightarrow$ 0" beenden.

werden auch die Prozeduren zu Ende geführt, die durch eine Suspendierung blokkiert wurden.

Statt der sukzessiven Eingabe niladischer Sprunganweisungen können wir die gesamte Status-Indikator-Liste durch das Systemkommando)RESET in der Form

)RESET

löschen.

12.11   Rekursiver Prozeduraufruf

Zur Lösung unserer Aufgabenstellung, eine Bestelliste mit den Artikelanzahlen und Artikelpreisen auf dem Bildschirm auszugeben, haben wir oben die Prozedur HAUPT entwickelt. Diese Prozedur ruft während ihrer Ausführung die Prozeduren DIFFERENZ, UEBERSCHRIFT und LISTE auf, wobei die Prozedur DIFFERENZ zusätzlich die Prozedur BESTELLUNG aktiviert. Somit ergibt sich die folgende *Aufrufhierarchie*:

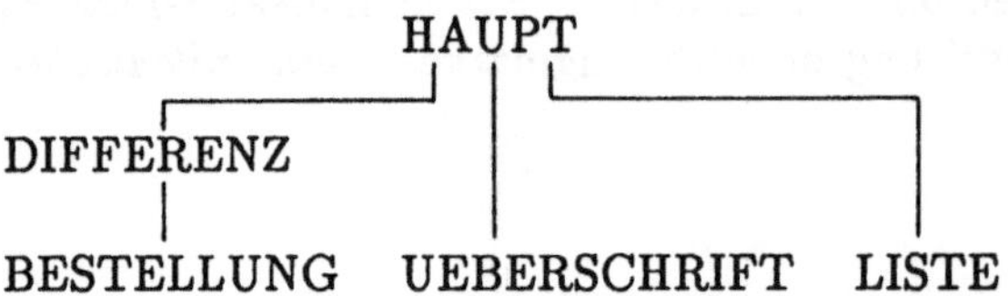

In dieser Situation unterscheiden sich alle rufenden Prozeduren von der jeweils gerufenen Prozedur. Oftmals zeigt es sich, daß eine Aufgabenlösung einfacher (und übersichtlicher) beschrieben werden kann, wenn eine Prozedur sich *selbst* aufruft. Diese Möglichkeit des sog. *rekursiven* Prozeduraufrufs wollen wir im folgenden durch eine Änderung der oben angegebenen *iterativen* Lösung zur Bildschirmausgabe der Bestellsätze demonstrieren. Dazu ersetzen wir den *iterativen* Prozeduraufruf von DIFFERENZ, der durch den Schleifenblock

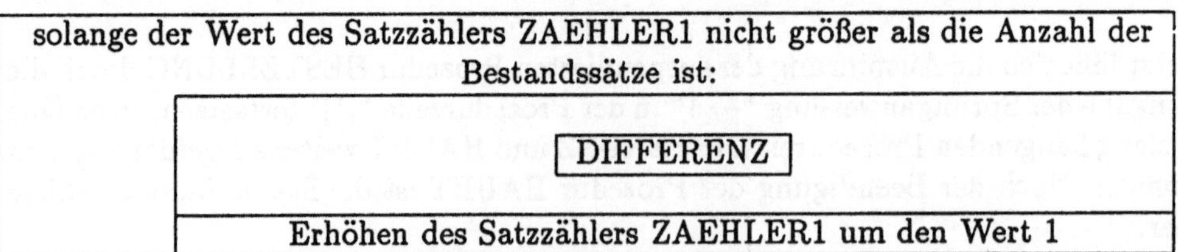

innerhalb der Prozedur HAUPT beschrieben wurde, durch den Prozeduraufruf-Block:

Dieser Block soll als Platzhalter für das folgende Struktogramm dienen:

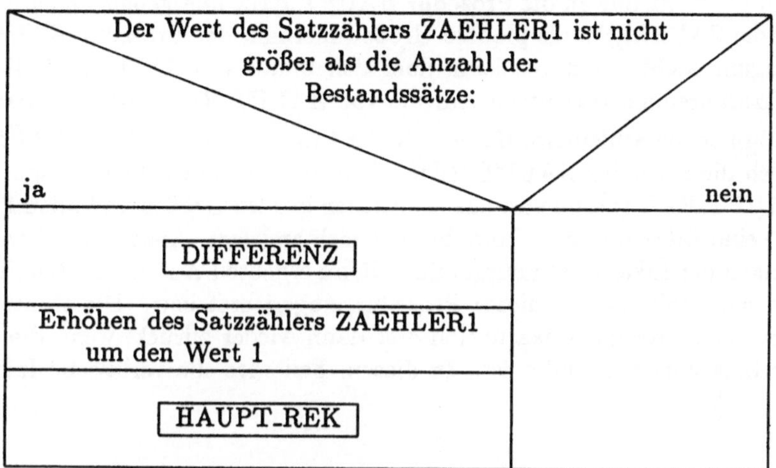

Zur Kontrolle des rekursiven Aufrufs der Prozedur HAUPT_REK verwenden wir
eine Bedingung, die den Inhalt der Variablen ZAEHLER1 überprüft.

Gegenüber der zu Beginn dieses Kapitels angegebenen 1. Lösungsversion (mit der
iterativen Schachtelung) ändern sich die Prozeduren UEBERSCHRIFT, LISTE und
DIFFERENZ nicht, so daß für die veränderte Lösung — mit dem rekursiven Prozeduraufruf — allein die Prozeduren HAUPT und HAUPT_REK neu zu beschreiben
sind. Die Umformung der angegebenen Struktogramme liefert die folgenden Prozedurzeilen:

[0] HAUPT ;ZAEHLER1;ZAEHLER2;B_NUMMER;B_ANZAHL; B_PREIS
[1] ⍺ VERSION 3
[2] B_NUMMER ← B_ANZAHL ← B_PREIS ← 0 ρ 0
[3] ZAEHLER1 ← 1
[4] ZAEHLER2 ← 1
[5] HAUPT_REK
[6] UEBERSCHRIFT
[7] LISTE(ZAEHLER2 − 1)
[8] 'ES WURDEN', (4 0 ⍕ (ZAEHLER1 − 1)) , ' SAETZE GELESEN'
[9] 'ENDE DER PROZEDUR HAUPT'

[0] HAUPT_REK
[1] → (ZAEHLER1 > ρ ARTKLNUMMER)/ SCHLUSS
[2] DIFFERENZ
[3] ZAEHLER1 ← ZAEHLER1 + 1
[4] HAUPT_REK
[5] SCHLUSS:

Nach dem Aufruf der Prozedur HAUPT werden zunächst die beiden Satzzähler
ZAEHLER1 und ZAEHLER2 initialisiert. In der Prozedurzeile "[5]" wird anschließend die Kontrolle an die Prozedur HAUPT_REK übergeben. Wichtig ist, daß
die Variable ZAEHLER1 als globale Größe innerhalb der Prozedur HAUPT_REK
zur Verfügung steht. Dadurch kann über den Inhalt von ZAEHLER1 die Anzahl
der durchzuführenden rekursiven Aufrufe von HAUPT_REK gesteuert werden.

Im Anschluß an die Schleifenprüfung — in der Prozedurzeile "[1]" von HAUPT_REK
— ruft sich die Prozedur HAUPT_REK selbst auf. Dabei wird eine Kopie der Prozedur HAUPT_REK (bestehend aus sämtlichen lokalen Größen und allen Prozedurzeilen) — eine *Inkarnation* — im Arbeitsbereich angelegt. Anschließend werden die
Anweisungen der Inkarnation ausgeführt. Beim erneuten Aufruf von HAUPT_REK
wird eine neue Inkarnation dieser Prozedur eingerichtet usw. Die Kontrolle geht
an eine rufende Prozedur-Inkarnation erst dann wieder zurück, wenn die gerufene
Prozedur-Inkarnation beendet ist. In diesem Fall wird die verlassene Inkarnation
gelöscht.

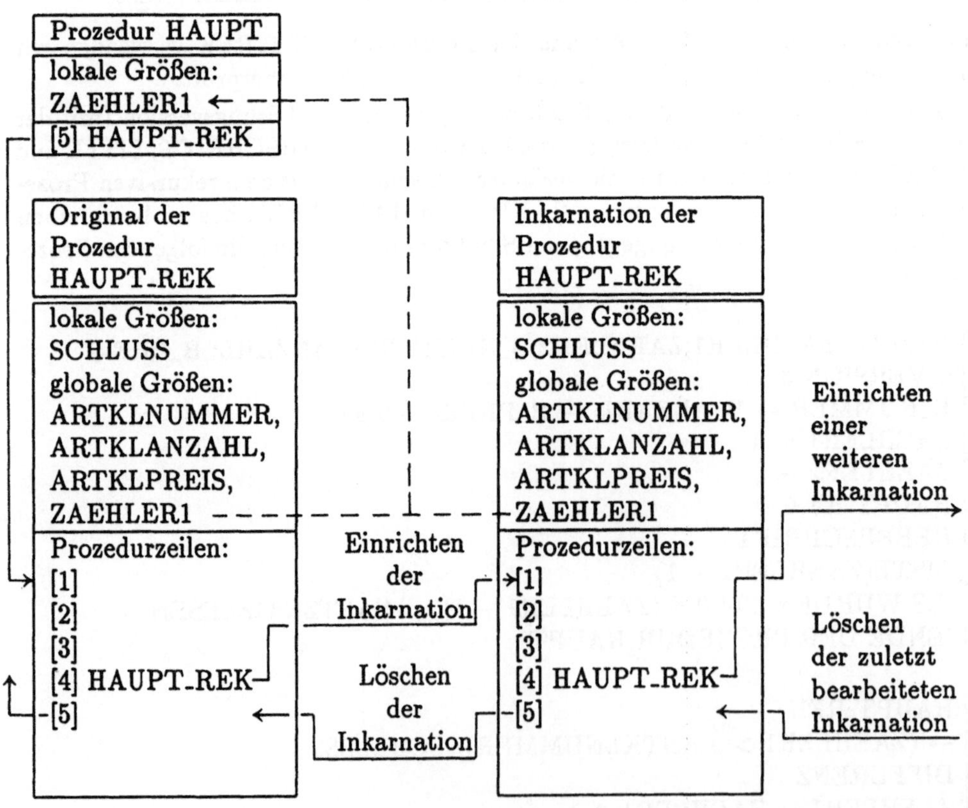

In unserer Situation wird für jeden der 4 Bestellsätze eine Inkarnation der Prozedur HAUPT_REK im Arbeitsbereich angelegt. Erst nach der Verarbeitung des letzten Bestandssatzes wird die letzte Inkarnation durch die Auswertung der Bedingung in der Prozedurzeile "[1]" und den anschließenden Sprung zur Prozedurzeile "[5]" beendet. Die Kontrolle wird an die rufende Inkarnation übergeben und es wird die Programmausführung in dieser Inkarnation hinter dem Aufruf von HAUPT_REK fortgesetzt. Die Weitergabe der Kontrolle erfolgt solange, bis alle bislang aktivierten Prozeduren beendet sind.

Dies veranschaulichen wir graphisch wie folgt:

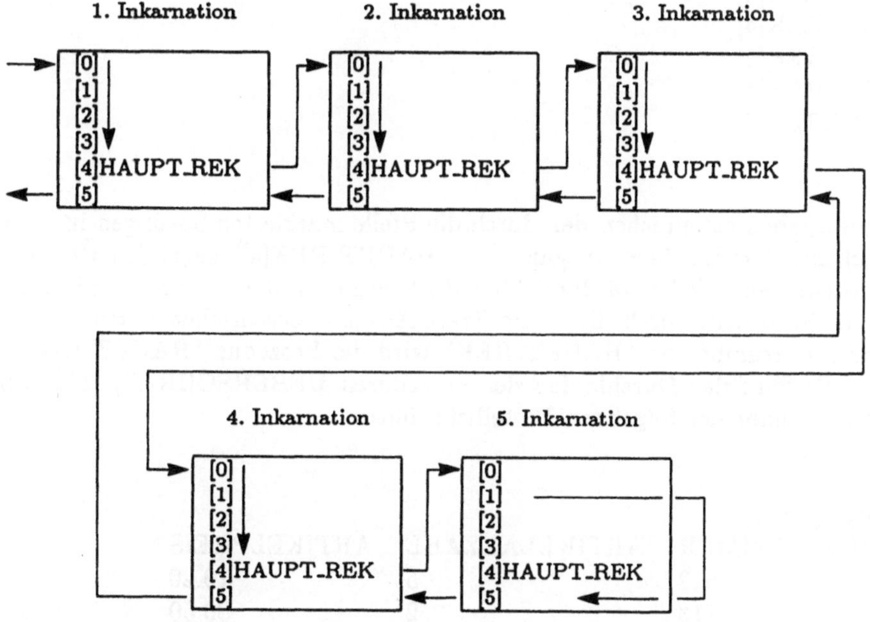

Ist die Abbruchbedingung für die Einrichtung weiterer Inkarnationen in der Prozedurzeile "[1]" fehlerhaft und werden demzufolge immer weitere Inkarnationen eingerichtet — der rekursive Prozeduraufruf bricht nicht ab — so reicht zu einem bestimmten Zeitpunkt der zur Verfügung stehende Speicherplatz des Arbeitsbereichs für die Einrichtung einer weiteren Inkarnation nicht mehr aus. In diesem Fall gibt das APL-System beim Überschreiten der maximalen Anzahl verschachtelter Prozeduraufrufe die Fehlermeldung "STACK FULL" aus und bricht die Prozedurausführung ab.

Abschließend wollen wir den Ablauf der rekursiven Prozedur HAUPT_REK mit einem Trace-Vektors verfolgen.

Nach dem Einrichten eines Trace-Vektors durch

        TΔHAUPT_REK ← 1 4

und dem Aufruf der Prozedur HAUPT werden folgende Trace-Informationen am Bildschirm angezeigt:

HAUPT_REK[1] → 2
HAUPT_REK[1] → 2
HAUPT_REK[1] → 2
HAUPT_REK[1] → 2
HAUPT_REK[1] → 5
HAUPT_REK[4]
HAUPT_REK[4]
HAUPT_REK[4]
HAUPT_REK[4]

Diese Ausgaben entsprechen den durch die Pfeile markierten Sprüngen in der oben angegebenen Grafik. Jede Ausgabe von "HAUPT_REK[4]" zeigt den Übergang in die Prozedurzeile "[5]" und damit den Rücksprung in die vorausgehende Inkarnation an. Nach dem durch die letzte Trace-Ausgabe beschriebenen Rücksprung in den Prozedurrumpf von "HAUPT_REK" wird die Prozedur "HAUPT_REK" verlassen. Es folgt das Durchlaufen der Prozeduren UEBERSCHRIFT und LISTE, was zur Ausgabe der folgenden Bestellliste führt:


```
BESTELLISTE
ARTIKELNUMMER    ARTIKELANZAHL    ARTIKELPREIS
          512                5           10.20
          713                2           80.50
ES SIND    2 ARTIKEL ZU BESTELLEN
ES WURDEN    4 SAETZE GELESEN
ENDE DER PROZEDUR ANFANG
```

Anhang

A.1 Übersicht über die APL-Operatoren

Nachdem wir in den vorangestellten Kapiteln eine anwendungsorientierte Beschreibung der zur Lösung unserer jeweiligen Aufgabenstellung benötigten Operatoren gegeben haben, stellen wir nachfolgend die APL-Operatoren systematisch dar. Wir übernehmen dabei die in dem Buch von GILOI: (GILOI W.K.: Programmieren in APL, de Gruyter Berlin, New York, 1977) angegebene, funktionsorientierte Einteilung.

Die APL-Operatoren werden unterschieden in:

- — Skalar-Operatoren,
- — Struktur-Operatoren,
- — Ein-/Ausgabe-Operatoren und Abfrage-Operatoren.

Skalare sind Größen mit dem Rangwert "0". Grundsätzlich bezeichnen wir im folgenden nichtskalare Größen mit dem Begriff *"Feld"*, so daß wir unter "Feldern" entweder Vektoren (Rangwert "1"), Matrizen (Rangwert "2") oder Strukturen verstehen, deren Rangwert größer als "2" ist.

Dabei kennzeichnet der Rangwert die Anzahl der Indizes, die für den Zugriff auf ein *Feldelement* erforderlich sind. Dieser Wert ist gleich der Länge des Dimensionsvektors, dessen Komponenten (bestimmbar durch den monadischen Operator "ρ") festlegen, wieviel Indizes pro Koordinate vereinbart sind. Zum Beispiel hat das unter dem Variablennamen "matrix" vereinbarte Feld

1	2	3
4	5	6

eine Matrix-Struktur. Der Dimensionsvektor[1] (bestimmbar durch "ρ matrix") ist "2 3", weil der Zeilenindex aus den beiden Werten "1" und "2" und der Spaltenindex aus den drei Werten "1", "2" und "3" besteht. Die Länge des Dimensionsvektors ist 2, und somit ist der Rangwert (bestimmbar durch "ρ ρ matrix") des Feldes gleich 2 — auf jedes Matrixelement läßt sich durch die Angabe eines Zeilen- und eines Spaltenindexes zugreifen.

1.1 Skalar-Operatoren

Skalar-Operatoren werden primär zur Verknüpfung skalarer Operanden eingesetzt. Werden sie auf Felder angewandt, so werden die Felder *elementweise* verknüpft. Im Gegensatz zu Struktur-Operatoren haben Skalar-Operatoren bei der Anwendung

---

[1] Die Werte des Dimensionsvektors sind abhängig vom Ursprung ⎕IO (siehe im Anhang unter A.6).

auf Felder keinen Einfluß auf die Struktur des Ergebnisses. Als Skalar-Operatoren
stehen zur Verfügung:

$+$	$-$	$\times$	$\div$	$\star$	$\circledast$	$\lceil$	$\lfloor$	$\mid$	$!$	$\bigcirc$	$?$
$\sim$	$\wedge$	$\vee$	$\barwedge$	$\veebar$	$<$	$\leq$	$=$	$>$	$\geq$	$\neq$	

Skalar-Operatoren können sowohl eine monadische als auch eine dyadische Bedeutung haben. Die syntaktische Form eines *monadischen* Skalar-Operators ist die
sog. *Präfix*-Schreibweise, d.h. der Operator wird dem Operanden vorangestellt. In
der *dyadischen* Form steht der Operator zwischen den beiden Operanden. Dies
wird auch als *Infix*-Schreibweise bezeichnet. In der folgenden Tabelle stellen wir die
jeweilige monadische bzw. dyadische Bedeutung einander gegenüber:

monadische Bedeutung:		dyadische Bedeutung:
Identitäts-Operator	$+$	Additions-Operator
Negations-Operator	$-$	Subtraktions-Operator
Operator zur Bestimmung des Vorzeichens	$\times$	Multiplikations-Operator
Operator zur Bildung des Kehrwerts	$\div$	Divisions-Operator
Bildung der Potenz zur Basis e	$\star$	Potenz zu einer beliebigen Basis
Bestimmung des natürlichen Logarithmus	$\circledast$	Bestimmung des Logarithmus zu einer beliebigen Basis
Aufrunde-Operator	$\lceil$	Bestimmung des Maximums
Abrunde-Operator	$\lfloor$	Bestimmung des Minimums
Bestimmung des Betrags	$\mid$	Modulofunktion
Bestimmung der Fakultät	$!$	Bestimmung des Binomial-koeffizienten
Multiplikation mit π	$\bigcirc$	Bestimmung der Kreisfunktionen wie z.B. sin, cos, arctan
Bestimmung einer Zufallszahl	$?$	Bestimmung mehrerer Zufallszahlen
Logische Negation	$\sim$	
	$\wedge$	Logisches UND
	$\vee$	Logisches ODER
	$\barwedge$	Negiertes UND
	$\veebar$	Negiertes ODER
	$<$	Kleiner-Relation
	$\leq$	Kleiner-/gleich-Relation
	$=$	Gleichheits-Relation
	$>$	Größer-Relation
	$\geq$	Größer-/gleich-Relation
	$\neq$	Ungleichheits-Relation

Die Anwendung eines monadischen Skalar-Operators auf Felder erfolgt derart, daß der Operator auf jedes Feldelement *einzeln* angewandt wird. Dabei können der Rang und der Dimensionsvektor des Operanden beliebig sein.

Die Anwendung eines dyadischen Skalar-Operators auf Felder (gleicher Rang und gleiche Dimension müssen vorliegen) erfolgt derart, daß jeweils die Elemente gleicher Position beider Feld-Operanden verknüpft werden.
Ist einer der Operanden ein Skalar oder ein Feld mit nur einem Element, so werden nacheinander alle Elemente des Feldes mit dem Skalar verknüpft.
In der folgenden Tabelle geben wir Beispiele für die Skalar-Operatoren an:[2]

monadische Bedeutung:		dyadische Bedeutung:
$+\ 12 \equiv 12$	$+$	$5 + 5 \equiv 10$
$-\ 5 \equiv {}^-5$	$-$	$5 - 5 \equiv 0$
$\times\ {}^-3\ {}^-2\ 5\ 0 \equiv {}^-1\ {}^-1\ 1\ 0$	$\times$	$5 \times 5 \equiv 25$
$\div\ 5 \equiv 0.2$	$\div$	$2 \div 5 \equiv 0.4$
$\star\ 1 \equiv 2.718281828$	$\star$	$8 \star 2 \equiv 64$
$\circledast\ 10 \equiv 2.302585093$	$\circledast$	$8 \circledast 64 \equiv 2$
$\lceil 3.14 \equiv 4 \qquad \lceil {}^-3.14 \equiv {}^-3$	$\lceil$	$5 \lceil 8 \equiv 8 \qquad 5 \lceil 5 \equiv 0$
$\lfloor 3.14 \equiv 3 \qquad \lfloor {}^-3.14 \equiv {}^-4$	$\lfloor$	$5 \lfloor 8 \equiv 5 \qquad 5 \lfloor 5 \equiv 0$
$\lceil 3.14 \equiv 3.14$	$\mid$	$3 \mid 5 \equiv 2$
$!\ 5 \equiv 120$	$!$	$3\ !\ 6 \equiv 20$
$\bigcirc\ 2 \equiv 6.283185307$	$\bigcirc$	$\sin(30°): \equiv 1\ \bigcirc\ (\bigcirc 1 \div 6) \equiv 0.5$ $\cos(60°): \equiv 2\ \bigcirc\ (\bigcirc 1 \div 3) \equiv 0.5$
$?\ 5 \equiv 1$	$?$	$5\ ?\ 5 \equiv 1\ 2\ 2\ 5\ 3$
$\sim 0 \equiv 1$	$\sim$	
	$\wedge$	$1 \wedge 0 \equiv 0$
	$\vee$	$1 \vee 0 \equiv 1$
	$\barwedge$	$1 \barwedge 0 \equiv 1$
	$\veebar$	$1 \veebar 0 \equiv 0$
	$<$	$5 < 0 \equiv 0$
	$\leq$	$5 \leq 5 \equiv 1$
	$=$	$5 = 4 \equiv 0$
	$>$	$5 > 0 \equiv 1$
	$\geq$	$5 \geq 5 \equiv 1$
	$\neq$	$5 \neq 5 \equiv 0$

---

[2]Dabei steht das Symbol "$\equiv$" stellvetretend für die Bezeichnung "stimmt überein".

1.2   Struktur-Operatoren

Struktur-Operatoren dienen in erster Linie der Verknüpfung von Feldern und liefern Felder als Ergebnis. Im Gegensatz zu den Skalar-Operatoren beeinflussen sie die Struktur des Resultats. Wird ein Feld mit einem Skalar durch einen Struktur-Operator verknüpft, so werden nacheinander alle Feldelemente mit dem Skalar verknüpft. Bei verschiedenen Operatoren wird ein skalarer Operand als einelementiger Vektor oder als einelementiges Feld interpretiert.

Als Struktur-Operatoren stehen zur Verfügung:

- Feld-Operatoren:[3]

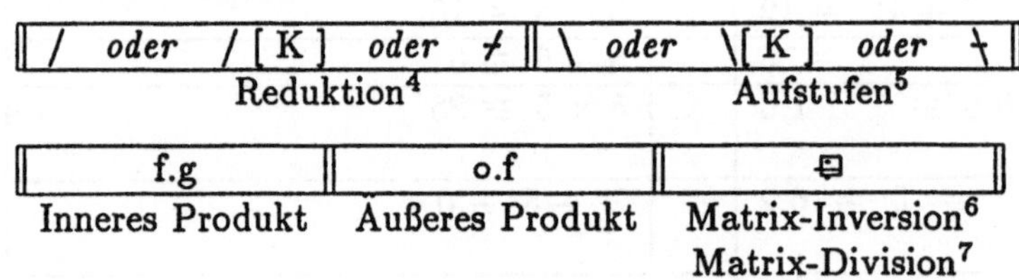

- Ihre Anwendung dient der Verknüpfung gegebener Felder, wodurch neue Felder erzeugt werden; die meisten Feld-Operatoren können auch auf Skalare angewandt werden.

- Generator-Operatoren:

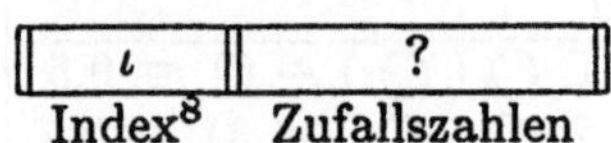

  Sie erzeugen neue Felder, jedoch nicht durch Verknüpfen der Elemente gegebener Felder, sondern durch die Auswahl von Werten aus der Menge der natürlichen Zahlen.

- Selektions-Operatoren:

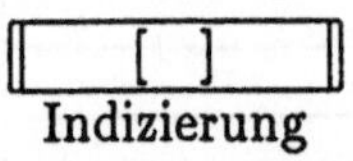

---

[3] "f" und "g" stehen als Platzhalter für einen beliebigen dyadischen Skalar-Operator wie z.B. "+" oder "=".

[4] monadischer Operator, vgl. Operator zum Komprimieren unter "Selektions-Operatoren".

[5] monadischer Operator, vgl. Operator zum Expandieren unter "Selektions-Operatoren".

[6] monadischer Operator.

[7] dyadischer Operator.

[8] monadischer Operator, vgl. Operator zur Bildung der Indexmenge unter "Relations-Operatoren".

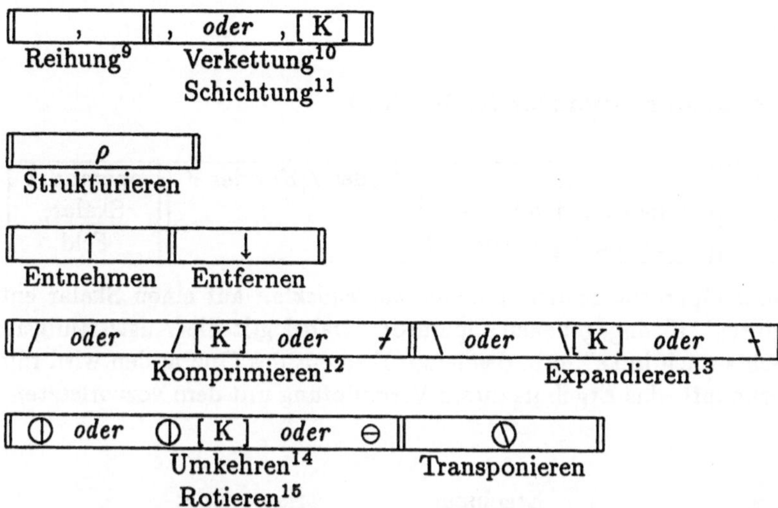

Sie wählen bestimmte Untermengen aus gegebenen Feldern aus und stellen die ausgewählten Elemente nach gewissen Vorschriften zu neuen Feldern zusammen. Sie erzeugen keine neuen Werte.

- Relations-Operatoren:

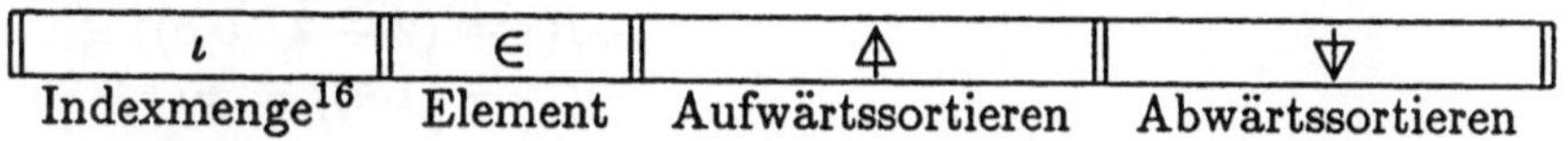

Sie prüfen, ob bestimmte Relationen zwischen den Elementen von Feldern erfüllt sind.

- Transformations-Operatoren:

Sie wandeln Zeichenwerte in Zahlenwerte — bzw. Zahlenwerte in Zeichenwerte — um oder führen Transformationen zwischen verschiedenen Zahlensystemen durch.

---

[9]monadischer Operator.
[10]dyadischer Operator.
[11]dyadischer Operator.
[12]dyadischer Operator, vgl. Operator zur Reduktion unter "Feld-Operatoren".
[13]dyadischer Operator, vgl. Operator zum Aufstufen unter "Feld-Operatoren".
[14]monadischer Operator.
[15]dyadischer Operator.
[16]dyadischer Operator, vgl. Index-Operator unter "Generator-Operatoren".

1.2.1 <u>Feld-Operatoren</u>

1.2.1.1 Reduktions-Operator (reduction)

Resultat Skalar, Feld	←	f beliebiger dyadischer Skalar-Operator	/ oder /[K] oder ⌿	operand_1 Skalar, Feld

Der Reduktions-Operator reduziert einen *Zahlenvektor* auf einen Skalar entsprechend dem durch "f" angegebenen Operator. Dabei gilt die Auswertungsreihenfolge "von rechts nach links", d.h. das letzte Element des Operanden wird mit dem vorletzten verknüpft, das Ergebnis dieser Verknüpfung mit dem vorvorletzten, usw.

<u>Eingabe:</u>	<u>Ergebnis:</u>	<u>Erläuterung:</u>
+/1 2 3 4	10	1+(2+(3+4))
−/1 2 3 4	¯2	1−(2−(3−4))
÷/1 2 3 4	0.375	1÷(2÷(3 ÷4))
</0 2 3	1	0<(2<3)
+/4 1 ÷ 2	2.5	+/(4 1) ÷ 2 ≡ +/2 0.5
+/1 ÷ 2 ÷ 4 1 ÷ 2	1.25	+/(1 ÷ (2 ÷ (4 1) ÷ 2)) ≡ +/(1 ÷ (2 ÷ 2 0.5)) ≡ +/(1 ÷ (1 4)) ≡ +/1 0.25

Durch die folgenden Anweisungen läßt sich z.B. der Wert eines quadratischen Polynoms (mit dem Koeffizientenvektor A) an einer bestimmten Stelle X berechnen:

$$A \leftarrow 6\ 3\ 2$$
$$X \leftarrow 6.25$$
$$+/A \times X \star {}^{-}1 + \iota\ \rho\ A$$

Hierdurch wird der Wert der Funktion $6 \times X^0 + 3 \times X^1 + 2 \times X^2$ an der Stelle $X = 6.25$ bestimmt. Es gilt: $\rho\ A \equiv 3$ und: $\iota\ \rho\ A \equiv 1\ 2\ 3$. Der Funktionswert ist gleich 102.875.

Wird der Reduktions-Operator auf *Felder* angewandt, so wird das Feld entlang dem durch "[K]" spezifizierten Index reduziert. Falls "[K]" nicht angegeben wird, so wird bei "/" die Reduktion entlang dem *letzten* und bei "⌿" entlang dem *ersten* Index durchgeführt. Ist "operand_1" z.B. eine Matrix, so wird durch den Indexwert "1" die Zeilenzählung und durch den Indexwert "2" die Spaltenzählung festgelegt.

Eingabe: **Ergebnis:** **Erläuterung:**

$+/[1]$

1	2	3
1	2	3
1	2	3

3 6 9   1+1+1 2+2+2 3+3+3

$+/[2]$

1	2	3
1	2	3
1	2	3

6 6 6   1+2+3 1+2+3 1+2+3

1.2.1.2 Aufstufe-Operator (scan)

Resultat Skalar, Feld	←	f beliebiger dyadischer Skalar-Operator	\ oder \[K] oder ⍀	operand_1 Skalar, Feld

Bei der Anwendung auf einen Zahlen-Vektor ergibt sich das i-te Element aus dem Ergebnis der entsprechenden Reduktion, angewandt auf die i ersten Elemente von "operand_1" .

Eingabe: **Ergebnis:** **Erläuterung:**

```
+ \ 1 2 3      1 3 6        1  1+2   1+2+3
∨\ 0 0 1 0     0 0 1 1      0  0∨0   0∨0∨1   0∨0∨1∨0
∧\ 1 1 0       1 1 0        1  1∧1   1∧1∧0
```

Die Erweiterung des Aufstufens auf *Felder* entspricht der Anwendung des Reduktions-Operators entlang dem durch "[K]" spezifizierten Index über die ersten i Elemente. Das Ergebnis liefert den Wert für das i-te Element. Falls "[K]" nicht angegeben wird, so wird durch "\" (bzw. "⍀") entlang dem *letzten* (bzw. dem *ersten*) Index aufgestuft.

Eingabe: **Ergebnis:** **Erläuterung:**

$+\backslash[1]$

1	2	3
1	2	3
1	2	3

1	2	3
2	4	6
3	6	9

1	2	3
1 + 1	2 + 2	3 + 3
1 + 1 + 1	2 + 2 + 2	3 + 3 + 3

$+\backslash[2]$

1	2	3
1	2	3
1	2	3

1	3	6
1	3	6
1	3	6

1	1 + 2	1 + 2 + 3
1	1 + 2	1 + 2 + 3
1	1 + 2	1 + 2 + 3

1.2.1.3 Operator zur Bildung des verallgemeinerten inneren Produkts (inner product)

Resultat Skalar, Feld	←	operand_2 Skalar, Feld	f.g f und g sind beliebige dyadische Skalar-Operatoren	operand_1 Skalar, Feld

Das verallgemeinerte innere Produkt[12] ist von der gewöhnlichen Matrizenmultiplikation abgeleitet. Wie bei der Matrizenmultiplikation gibt es eine "innere" Operation, durch welche die Elemente einer Zeile von "operand_2" mit den Elementen einer Spalte des Operanden "operand_1" verknüpft werden (z.B. durch den Operator "×") und eine "äußere" Operation, durch die jeweils über den auf diese Art gebildeten Vektor von partiellen Verknüpfungen anschließend reduziert wird (z.B. durch die Addition "+"). Die Matrizenmultiplikation fällt damit als Sonderfall unter die Auswertungsvorschrift:

$$\text{Resultat} \leftarrow \text{operand\_2} +.\times \text{operand\_1}$$

Bei der Bildung des inneren Produkts müssen die beiden Operanden bezüglich der beiden Operatoren "f" und "g" konform sein. Dies bedeutet z.B. bei der Matrizenmultiplikation, daß die Anzahl der Spalten von "operand_1" gleich der Anzahl der Zeilen von "operand_1" sein muß. Ist "operand_1" (bzw. "operand_2") ein Skalar oder ein Vektor, so wird "operand_1" (bzw. "operand_2") als Matrix mit einem Element bzw. einer Spalte interpretiert. Die "Matrizenmultiplikation" zweier Skalare, also z.B. "5 +.× 5" entspricht der gewöhnlichen Multiplikation zweier Skalare, also der Multiplikation "5 × 5". Da APL keine Spaltenvektoren kennt, können mit Hilfe des verallgemeinerten inneren Produkts auch 2 Zeilenvektoren verknüpft werden.

Eingabe:

1	2
3	4

+.×

5	6
7	8

Ergebnis:

19	22
43	50

Erläuterung:

1×5 + 2×7	1×6 + 2×8
3×5 + 4×7	3×6 + 4×8

1 2 +.× 5 7   19

1.2.1.4 Operator zur Bildung des äußeren Produkts (outer product)

Resultat Skalar, Feld	←	operand_2 Skalar, Feld	o.f beliebiger dyadischer Skalar-Operator	operand_1 Skalar, Feld

Das äußere Produkt[13] entspricht dem kartesischen Kreuzprodukt. Bei der Bildung des äußeren Produkts wird die Menge aller geordneten Paare gebildet, die als 1. Element ein Element von "operand_2" und als 2. Element ein Element von "operand_1"

---

[12] In der durch den Operator repräsentierten Zeichenfolge "f.g" darf kein Leerzeichen enthalten sein.

[13] In der durch den Operator repräsentierten Zeichenfolge "o.f" darf kein Leerzeichen enthalten sein.

besitzen. Diese geordneten Paare werden anschließend durch den Operator "f"
verknüpft.

Eingabe: Ergebnis: Erläuterung:

1 2 3 o.+ 4 5 6

5	6	7
6	7	8
7	8	9

1 + 4	1 + 5	1 + 6
2 + 4	2 + 5	2 + 6
3 + 4	3 + 5	3 + 6

1 2 3 o.= 1 2 3

1	0	0
0	1	0
0	0	1

1 = 1	1 = 2	1 = 3
2 = 1	2 = 2	2 = 3
3 = 1	3 = 2	3 = 3

1.2.1.5   Operator zur Matrix-Inversion (matrix inverse)

Resultat Skalar, Vektor, Matrix	←	⊟	operand_1 Skalar, Vektor, Matrix

Eine Matrix ist invertierbar, wenn das zugehörige homogene Gleichungssystem nur
die triviale Lösung (0,...,0) hat, oder wenn die Determinante der Matrix von "0"
verschieden ist. Ist "operand_1" eine invertierbare (d.h. nichtsinguläre) quadratische
Matrix, so liefert die Inversion von "operand_1" die inverse Matrix von "operand_1",
d.h. es gilt:

$$\text{operand\_1} +.\times \text{Resultat} \equiv \text{Resultat} +.\times \text{operand\_1} \equiv \text{Einheitsmatrix}$$

Ist "operand_1" eine invertierbare nichtquadratische Matrix, so liefert die Inversion
die linksseitige inverse Matrix von "operand_1", d.h. es gilt:

$$\text{Resultat} +.\times \text{operand\_1} \equiv \text{Einheitsmatrix}$$

Ist "operand_1" ein Skalar bzw. ein einelementiger Vektor, so gilt "operand_1" als
Vektor mit einem Element bzw. als Matrix mit einer Zeile und einer Spalte.

Eingabe: Ergebnis:

⊟

3	5
1	2

2	⁻5
⁻1	3

Erläuterung:

3	5
1	2

$+.\times$

2	⁻5
⁻1	3

$\equiv$

2	⁻5
⁻1	3

$+.\times$

3	5
1	2

$\equiv$

1	0
0	1

1.2.1.6   Operator zur Matrix-Division (matrix divide)

Resultat Skalar, Vektor, Matrix	←	operand_2 Skalar, Vektor, Matrix	⌹	operand_1 Skalar, Vektor, Matrix

Die Matrix-Division "operand_2 ⌹ operand_1" entspricht der Matrizenmultiplikation der Inversen der Matrix "operand_1" mit der Matrix (bzw. dem Vektor) "operand_2", d.h. es gilt:

$$\text{Resultat} \equiv (⌹ \text{ operand\_1}) +.\times \text{ operand\_2} \equiv \text{operand\_2 ⌹ operand\_1}$$

Eingabe: Ergebnis:

$$26 \quad 9 \quad ⌹ \quad \begin{array}{|c|c|} \hline 3 & 5 \\ \hline 1 & 2 \\ \hline \end{array} \qquad\qquad 7 \quad 1$$

Erläuterung:

$$(⌹ \begin{array}{|c|c|} \hline 3 & 5 \\ \hline 1 & 2 \\ \hline \end{array}) +.\times \ 26 \ 9 \equiv 26 \ 9 \ ⌹ \ \begin{array}{|c|c|} \hline 3 & 5 \\ \hline 1 & 2 \\ \hline \end{array}$$

Durch den Einsatz des Operators zur Matrix-Division können wir somit z.B. das folgende Gleichungssystem lösen:

$$3x_1 + 5x_2 = 26$$
$$1x_1 + 2x_2 = 9$$

Wollen wir dieses Gleichungssystem für verschiedene rechte Seiten — wie z.B. 26 9 bzw. 10 10 — effizient lösen, so geben wir folgende APL-Anweisungen ein:

```
MATRIX      ←2 2 ρ 3 5 1 2
R_SEITE_1   ←26 9
R_SEITE_2   ←10 10
M_INVERSE   ←⌹ MATRIX
LOESUNG_1   ←M_INVERSE +.× R_SEITE_1
LOESUNG_2   ←M_INVERSE +.× R_SEITE_2
```

Durch die ersten 3 Anweisung vereinbaren wir die Variable MATRIX und die Variablen R_SEITE_1 und R_SEITE_2. Mit der 4-ten Anweisung bestimmen wir die Inverse der Variablen MATRIX und weisen das Ergebnis der Matrix-Division der Variablen M_INVERSE zu. Durch das Speichern der inversen Matrix können wir anschließend für das ursprüngliche Gleichungssystem die Lösung für verschiedene rechte Seiten bestimmen. Diese Vorgehensweise hat den Vorteil, daß wir die Inverse — für jede rechte Seite — nicht von neuem bestimmen müssen. Als Ergebnis erhalten wir für die Variablen LOESUNG_1 und LOESUNG_2 die Vektoren mit den Werten "7 1" bzw. "⁻30 20".

1.2.2 Generator-Operatoren

1.2.2.1 Index-Operator (index generator)

Resultat Vektor	←	ι	operand_1 Skalar

Der Index-Operator "ι" (Jota) erzeugt einen Vektor mit "operand_1" Elementen. Die einzelnen Elemente haben als Wert die ganzen Zahlen in aufsteigender Reihenfolge — vom Ursprung beginnend, bis zum obersten Wert von "operand_1". Das Resultat ist abhängig vom Ursprung. Die Voreinstellung des Ursprungs ist "1". Sie kann mit Hilfe der Systemvariablen ⎕IO von "1" auf "0" gesetzt werden (siehe Anhang A.6). In diesem Fall erhalten wir beim Einsatz des Operators "ι" die ganzen Zahlen von "0" bis "operand_1 − 1" als Elemente des Resultats.

Eingabe:	Ergebnis:	Erläuterung:
ι 5	1 2 3 4 5	
⎕IO ← 0		Setzen des Ursprungs auf den Wert "1".
A ←ι 5	0 1 2 3 4	Auf das 1-te Element wird über A[0] zugegriffen, auf das 2-te Element über A[1] usw.
VAR_1 ←ι 0		Erzeugen eines leeren Vektors

Dieses letzte Beispiel ist insbesondere dann von Bedeutung, wenn durch eine Zuweisung wie etwa

$$\text{VAR\_1} \leftarrow \text{VAR\_1} , \text{VAR\_2}$$

eine Variable verlängert werden soll. Wird diese Anweisung zum erstenmal ausgeführt und wurde "VAR_1" noch kein Wert zugewiesen, so muß durch "VAR_1 ← ι 0" oder durch "VAR_1 ← 0 ρ 0" die Variable "VAR_1" als leerer Vektor vereinbart sein.

1.2.2.2   Zufallszahlen-Operator (deal)

Resultat Vektor	←	?	operand_1 Skalar, Feld

Resultat Vektor	←	operand_2 Skalar	?	operand_1 Skalar, Feld

Der *monadische* Zufallszahlen-Operator "?" wählt eine gleichverteilte Zufallszahl aus der Menge der natürlichen Zahlen von "1" bis "operand_1" aus. Falls der Ursprung □IO den Wert "0" hat (siehe Anhang A.6), so wählt der Zufallszahlen-Operator "?" die Zufallszahl aus der Menge der Zahlen von "0" bis "operand_1−1" aus. Es wird eine Stichprobe mit Zurücklegen entnommen, d.h. ein Wert kann mehrmals auftreten.

Beim *dyadischen* Zufallszahlen-Operator dagegen, werden Zufallszahlen aus einer Stichprobe ohne Zurücklegen entnommen. Dies bedeutet, daß ein Wert nur einmal auftreten kann. Durch "operand_2" wird die Anzahl der Zufallszahlen festgelegt. Ist der Operand "operand_1" ein Feld, so wird für jedes Feldelement eine Zufallszahl aus der Menge der natürlichen Zahlen von "1" bis "operand_1" ermittelt. Ist der Wert des Ursprungs □IO gleich "0" (siehe Anhang A.6), so wählt der Zufallszahlen-Operator "?" die Zufallszahl aus der Menge der Zahlen von "0" bis "operand_1 − 1" aus.

Eingabe:	Ergebnis:	Erläuterung:
? 6	5	Die angegebenen Werte sind
4 ? 6	6 2 3 5	Zufallswerte und somit nicht
		unbedingt reproduzierbar

	7	2	3	2		5	1	2	2
?	1	4	4	4		1	3	1	3
	2	2	2	3		1	1	2	1

1.2.3   Selektions-Operatoren

1.2.3.1   Indizierungs-Operator (indexing)

Resultat Skalar, Feld	←	operand_1 Feld	[indexliste]

Der Indizierungs-Operator wählt aus dem Feld "operand_1" eines oder mehrere
Elemente aus. Dabei werden die auszuwählenden Elemente durch "[indexliste]"
angegeben. Der Indizierungs-Operator ist der einzige Operator, der auf der linken
Seite einer einzelnen Zuweisung auftreten darf, wie z.B bei der folgenden Zuweisung:
"operand_1[1] ←5".

Der Indizierungs-Operator wird zur Veränderung von Werten an einer bestimmten
Position eines Feldes eingesetzt. Dabei werden — bei Feldern mit einem Rangwert
größer als "1" wie z.B. Matrizen — einzelne Indizes durch Semikolon ";" voneinander
getrennt. Ist eine Indexangabe leer, so werden alle Indizes längs der entsprechenden Dimension durchlaufen. Das Ergebnis des Index-Operators ist abhängig vom
Ursprung (siehe □IO im Anhang A.6).

Eingabe:	Ergebnis:	Erläuterung:
5 2 0 4 1 [5 3 2 2 3 5]	1 0 2 2 0 1	
5 2 0 4 1 [1 1+0 > X ←1]	5 5	Die Auswertung der Indexliste ergibt eine Zuweisung an die Variable X. Anschließend wird der Wert "0" mit dem Wert von X verglichen und zum Ergebnis der Wert "1" addiert, so daß die Indexliste den Wert "[1 1]" hat.

1	2	3
4	5	6
7	8	9

[1 3 ; 3 1]

3	1
9	7

Die einzelnen Indizes werden
nur dann durch Semikolon ";"
getrennt, wenn sie verschiedene Koordinaten spezifizieren.

1	2	3
4	5	6
7	8	9

[1 ;]

1   2   3

1.2.3.2 Reihungs-Operator (ravel)

Resultat Vektor	←	,	operand_1 Skalar, Feld

Der Reihungs-Operator reiht die Werte des Operanden "operand_1" in Form eines
Vektors aneinander. Bei der Reihung von Feldern wird der am weitesten rechts
stehende Index "am schnellsten" durchlaufen. Dies bedeutet z.B. bei der Anwen-
dung des Reihungs-Operators auf eine Matrix, daß zuerst die Elemente der 1-ten
Zeile, dann die Elemente der 2-ten Zeile usw. gereiht werden. Wird der Reihungs-
Operator auf einen Skalar angewandt, so ist das Ergebnis ein einelementiger Vektor.
Der Reihungs-Operator läßt sich auch als Ein-/Ausgabe-Operator auffassen (siehe
Abschnitt A.1.3.3.1).

Eingabe: Ergebnis: Erläuterung:

1	2	3	4
5	6	7	8
9	10	11	12

,   (obige Matrix)   1 2 3 4 5 6 7 8 9 10 11 12

□← A ←, 7   7   A ist ein einelementiger
                                                           Vektor. Es gilt: $\rho A \equiv 1$

1.2.3.3 Verkettungs- und Schichtungs-Operator (catenation, lamina-
                tion)

Resultat Feld	←	operand_2 Skalar, Feld	, oder , [K] Skalar	operand_1 Skalar, Feld

Verkettung (catenation) und Schichtung (lamination) bilden aus den beiden Operanden "operand_1" und "operand_2" ein neues Feld.
Ist "K" eine *ganzzahlige* Größe, so wird eine Verkettung durchgeführt. Das Ergebnis der Verkettung wird erhalten durch das Reihen des Operanden "operand_1"
mit dem Operanden "operand_2" entlang dem durch "[K]" gekennzeichneten Index.
Falls "[K]" nicht angegeben ist, so wird entlang dem letzten Index gereiht. Der
Wert von "[K]" ist abhängig vom Ursprung (siehe □IO im Anhang A.6).

Ist "K" *nicht* ganzzahlig, so wird eine Schichtung durchgeführt. Das resultierende
Feld ist um den Rangwert "1" größer als die Rangwerte der Operanden. Der neu
eingerichtete Index des Feldes hat den Dimensionswert "2", d.h. es werden die In-
dexwerte "1" und "2" eingerichtet. "[K]" gibt die Position des Indexes an, um den
das Resultat erweitert wird. Gilt "K" < "1", so wird vor dem 1. Index eingefügt.
Ist "K" > "1"erfüllt, so wird der neue Index hinter dem Index eingefügt, der durch

den ganzzahligen Wert von "K" bestimmt ist. Die Interpretation des Werts von "K" ist abhängig vom Ursprung (siehe □IO im Anhang A.6).

Werden die Operatoren Verkettung und Schichtung auf 2 Skalare angewandt, so ist das Ergebnis ein Vektor.

Eingabe:	Ergebnis:	Erläuterung:

$$\begin{array}{|c|c|}\hline 1 & 2 \\\hline 3 & 4 \\\hline\end{array} \; , \; [2] \; \begin{array}{|c|c|}\hline 5 & 6 \\\hline 7 & 8 \\\hline\end{array} \qquad \begin{array}{|c|c|c|c|}\hline 1 & 2 & 5 & 6 \\\hline 3 & 4 & 7 & 8 \\\hline\end{array}$$

$$\begin{array}{|c|c|}\hline 1 & 2 \\\hline 3 & 4 \\\hline\end{array} \; , \; [1] \; \begin{array}{|c|c|}\hline 5 & 6 \\\hline 7 & 8 \\\hline\end{array} \qquad \begin{array}{|c|c|}\hline 1 & 2 \\\hline 3 & 4 \\\hline 5 & 6 \\\hline 7 & 8 \\\hline\end{array}$$

$$\begin{array}{|c|c|}\hline 1 & 2 \\\hline 3 & 4 \\\hline\end{array} \; , \quad 1 \quad 2 \qquad \begin{array}{|c|c|c|}\hline 1 & 2 & 1 \\\hline 3 & 4 & 2 \\\hline\end{array}$$

$$1 \quad 2 \quad 3 \; , [0.1] \quad 4 \quad 5 \quad 6 \qquad \begin{array}{|c|c|c|}\hline 1 & 2 & 3 \\\hline 4 & 5 & 6 \\\hline\end{array}$$

"[0.1]" heißt:
Zeilenindex
(Dimensionswert: 2)

$$\begin{array}{|c|c|}\hline 1 & 2 \\\hline 3 & 4 \\\hline\end{array} \; , [0.1] \; \begin{array}{|c|c|}\hline 5 & 6 \\\hline 7 & 8 \\\hline\end{array} \qquad \begin{array}{|c|c|}\hline 1 & 2 \\\hline 3 & 4 \\\hline 5 & 6 \\\hline 7 & 8 \\\hline\end{array}$$

"[0.1]" heißt:
Blockindex
(Dimensionswert: 2)

$$1 \quad 2 \quad 3 \; , [1.1] \quad 4 \quad 5 \quad 6 \qquad \begin{array}{|c|c|}\hline 1 & 4 \\\hline 2 & 5 \\\hline 3 & 6 \\\hline\end{array}$$

"[1.1]" heißt:
Spaltenindex
(Dimensionswert: 2)

$$\begin{array}{|c|c|c|}\hline 1 & 2 & 3 \\\hline 4 & 5 & 6 \\\hline\end{array} \; , [1.1] \; \begin{array}{|c|c|c|}\hline 7 & 8 & 9 \\\hline 10 & 11 & 12 \\\hline\end{array} \qquad \begin{array}{|c|c|c|}\hline 1 & 2 & 3 \\\hline 7 & 8 & 9 \\\hline 4 & 5 & 6 \\\hline 10 & 11 & 12 \\\hline\end{array}$$

"[1.1]" heißt:
neuer Zeilenindex
(Dimensionswert: 2)

$$\begin{array}{|c|c|c|}\hline 1 & 2 & 3 \\\hline 4 & 5 & 6 \\\hline\end{array} \; , [2.1] \; \begin{array}{|c|c|c|}\hline 7 & 8 & 9 \\\hline 10 & 11 & 12 \\\hline\end{array} \qquad \begin{array}{|c|c|}\hline 1 & 7 \\\hline 2 & 8 \\\hline 3 & 9 \\\hline 4 & 10 \\\hline 5 & 11 \\\hline 6 & 12 \\\hline\end{array}$$

"[2.1]" heißt:
neuer Spaltenindex
(Dimensionswert: 2)

1.2.3.4   Strukturiere-Operator (restructuring, reshape)

Resultat Feld	←	operand_2 Skalar, Feld	ρ	operand_1 Skalar, Vektor

Beim *dyadischen* Strukturiere-Operator "ρ" wird für das resultierende Feld der
Rangwert durch den Operanden "operand_2" und die Werte der Feldelemente durch
den Operanden "operand_1" festgelegt. Falls die durch "operand_1" angegebenen
Werte nicht ausreichen, allen Feldelementen einen Wert zuzuweisen, so werden die
durch "operand_1" aufgeführten Werte geeignet oft — zyklisch — wiederholt. Be-
steht der Operand "operand_1" aus Zeichenwerten, so müssen die Zeichen in Hoch-
kommata " ' " eingeschlossen sein.
Als *monadischer* Operator dient der Strukturiere-Operator "ρ" zur Ausgabe des
Dimensionsvektors. Der monadische Strukturiere-Operator ist in APL von großer
Bedeutung, weil durch ihn die Struktur einer Variablen bestimmt werden kann.

Eingabe:	Ergebnis:	Erläuterung:
ρ 'ABCD'	4	Dimensionsvektor mit einem Element
5 ρ 6	6 6 6 6 6	
3 ρ 1 2 3 4 5 6	1 2 3	
0 0 ρ 0 0		Erzeugen einer leeren Matrix
0 ρ 0		Erzeugen eines leeren Vektors

(3 3) ρ 1 , 3 ρ 0

1	0	0
0	1	0
0	0	1

2 3 ρ 'ABC'

A	B	C
A	B	C

1.2.3.5   Entnehme-Operator (take)

Resultat Feld	←	operand_2 Skalar, Feld	↑	operand_1 Skalar, Feld

Das Resultat ist ein Feld, das bei einem Operanden "operand_2" mit
"operand_2" $\geq$ "0" die *ersten* Elemente und bei einem negativen Operanden "operand_2" mit "operand_2" < "0" die *letzten* Elemente des Operanden
"operand_1" enthält. Ist der Operand "operand_2" ein Feld, so legt der Positionsindex des i-ten Elements von "operand_2" den Index i fest, entlang dem aus
"operand_1" ausgewählt wird. Falls durch den Operanden "operand_2" kein Ele-

ment von "operand_1" spezifiziert wird, so ist das Ergebnis des Entnehme-Operators bei Zeichenfeldern das Leerzeichen "⊔" und bei Zahlenfelder der Wert "0".

Eingabe:	Ergebnis:
5 ↑ 1	1 0 0 0 0
5 ↑ 'FLUSSDIAGRAMM'	FLUSS
⁻8 ↑ 'FLUSSDIAGRAMM'	DIAGRAMM

$2 \quad {}^{-}3 \quad \uparrow$

1	2	3	4
5	6	7	8
9	10	11	12

2	3	4
6	7	8

$4 \quad {}^{-}4 \quad \uparrow$

S	O	N
M	O	N
D	I	E

⊔	S	O	N
⊔	M	O	N
⊔	D	I	E
⊔	⊔	⊔	⊔

1.2.3.6 Entferne-Operator (drop)

Resultat Feld	←	operand_2 Skalar, Feld	↓	operand_1 Skalar, Feld

Das Resultat ist ein Feld, das bei einem Operanden "operand_2" mit "operand_2" $\geq$ "0" alle Elemente außer den *ersten* und bei einem negativen Operanden "operand_2" mit "operand_2" $<$ "0" alle Elemente außer den *letzten* Elementen des Operanden "operand_1" enthält. Ist der Operand "operand_2" ein Feld, so legt der Positionsindex des *i*-ten Elements von "operand_2" den Index *i* fest, entlang dem aus "operand_1" ausgewählt wird. Falls durch den Operanden "operand_2" kein Element von "operand_1" spezifiziert wird, so ist das Ergebnis des Entferne-Operators bei Zeichenfeldern das Leerzeichen "⊔" und bei Zahlenfelder der Wert "0".

Eingabe:	Ergebnis:
⁻3 ↓ 1 2 3 4 5 6	1 2 3
3 ↓ 1 2 3 4 5 6	4 5 6
0 ↓ 1 2 3 4 5 6	1 2 3 4 5 6

$^{-}1 \quad 1 \quad \downarrow$

S	O	N
M	O	N
D	I	E

O	N
O	N

1.2.3.7 Komprimiere-Operator (compress)

Resultat Feld	←	operand_2 Skalar, boolescher Vektor	/ oder / [K] oder ⌿	operand_1 Skalar, Feld

Der Komprimiere-Operator wählt aus dem Operanden "operand_1" alle die Elemente aus, deren korrespondierendes Element des Operanden "operand_2" den Wert "1" hat. Falls "operand_2" ein Skalar oder ein Feld mit nur einem Element ist, so wird der Komprimiere-Operator auf alle Elemente des anderen Operanden angewandt. Wird der Index "[K]" nicht angegeben, so wird durch "/" (bzw. "⌿") entlang dem *letzten* (bzw. *ersten*) Index komprimiert. Der Komprimiere-Operator ist abhängig vom Ursprung ⎕IO (siehe Anhang A.6).

Eingabe:	Ergebnis:	Erläuterung:
0 0 1 0 1 1 0 0 / 'COMPUTER'	MUT	
1 / 'COMPUTERSPRACHE'	COMPUTERSPRACHE	
0 / 'COMPUTERSPRACHE'		Erzeugen eines leeren Vektors

MIT ← '␣␣␣TEXT␣␣'

('␣' ≠ MIT) / MIT	'TEXT'	'␣' ≠ MIT liefert: 000111100

0 1 / [1]

A	B	C	D
E	F	G	H
I	J	K	L
M	N	O	P
Q	R	S	T
U	V	W	X

M	N	O	P
Q	R	S	T
U	V	W	X

0 1 0 / [2]

A	B	C	D
E	F	G	H
I	J	K	L
M	N	O	P
Q	R	S	T
U	V	W	X

E	F	G	H
Q	R	S	T

1.2.3.8 Expandiere-Operator (expand)

Resultat Feld	←	operand_2 Skalar, boolescher Vektor	\ oder \ [K] oder ⍀	operand_1 Skalar, Feld

Der Expandiere-Operator ist das Gegenstück zum Komprimiere-Operator. Beim Expandiere-Operator werden keine Elemente ausgewählt, sondern es werden bei einem numerischen Operanden "operand_1" der Wert "0" und bei einem Operanden "operand_1", der aus Zeichen besteht, Leerzeichen "⎵" an den zum Operanden "operand_2" korrespondierenden Positionen eingefügt. Falls "[K]" nicht angegeben wird, so bewirkt "\"(bzw. "⍀") das Einfügen entlang dem *letzten* (bzw. *ersten*) Index. Der Wert von "K" ist abhängig vom Ursprung ⎕IO (siehe Anhang A.6).

Eingabe: Ergebnis:

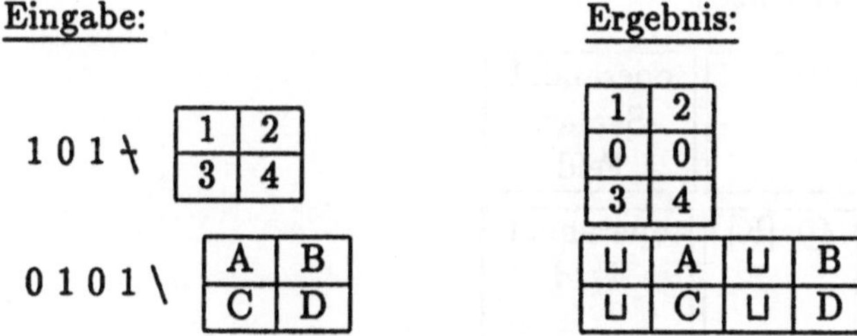

1.2.3.9 Umkehre-Operator (reverse)

Resultat Skalar, Feld	←	⊖	operand_1 Skalar, Feld
Resultat Feld	←	⌽ [K]	operand_1 Feld
Resultat Skalar, Feld	←	⊖	operand_1 Skalar, Feld

Das Resultat ergibt sich aus der Umkehrung der Reihenfolge der Elemente des Operanden "operand_1" entlang dem durch "[K]" angegebenen Index. Falls "[K]" nicht angegeben wird, so erfolgt die Umkehrung beim Operator " ⌽" entlang dem *letzten* Index und beim Operator "⊖" entlang dem *ersten* Index. Der Wert von "K" ist abhängig vom Ursprung ⎕IO (siehe Anhang A.6).

Eingabe: Ergebnis: Erläuterung:

⌽'LAGER'   'REGAL'

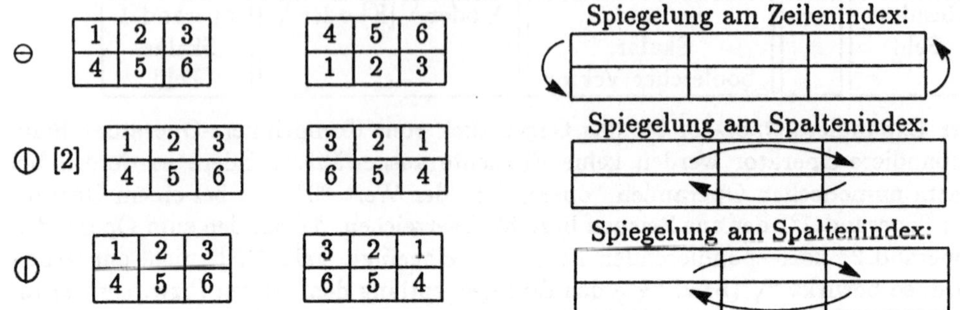

1.2.3.10 Rotiere-Operator (rotate)

Resultat Skalar, Feld	←	operand_2 Skalar, Feld	⌽	operand_1 Skalar, Feld
Resultat Feld	←	operand_2 Skalar, Feld	⌽ [K]	operand_1 Feld
Resultat Skalar, Feld	←	operand_2 Skalar, Feld	⊖	operand_1 Skalar, Feld

Durch den Rotiere-Operator werden die Elemente von "operand_1" um die durch
"operand_2" angegebene Stellenanzahl zyklisch vertauscht. Falls der Wert von
"operand_2" $\geq$ "0" ist, wird zum Ursprung hin, im anderen Fall vom Ursprung weg,
entlang dem durch "[K]" angegebenen Index vertauscht. Wird "[K]" nicht angegeben, so erfolgt durch "operand_2 ⌽ operand_1" bzw. "operand_2 ⊖ operand_1"
das Vertauschen entlang dem *ersten* Index bzw. dem *letzten* Index. Für den Rang
der beiden Operanden muß gelten: "ρ operand_2 $\equiv$ (ρ operand_1) − 1". Der Wert
von "K" ist abhängig vom Ursprung ⎕IO (siehe Anhang A.6).

Eingabe: Ergebnis: Erläuterung:[14]

1   ⌽ 'LAMPE'   'AMPEL'

‾1 ⊖

A	B
C	D
E	F
G	H
I	J

I	J
A	B
C	D
E	F
G	H

---

[14] Die jeweils in Klammern angegebene Zahl gibt die Größe der Positionsverschiebungen an.

$^{-}2 \ \oslash$

A	B	C	D	E	D	E	A	B	C	(2)	$\Rightarrow$
F	G	H	I	J	I	J	F	G	H	(2)	$\Rightarrow$

$1\ 1\ 0\ 2 \ \oslash$

␣	U	L	R	I	K	E	U	L	R	I	K	E	␣
␣	G	R	E	T	A	␣	G	R	E	T	A	␣	␣
R	O	L	A	N	D	O	R	O	L	A	N	D	O
␣	␣	C	A	R	L	O	C	A	R	L	O	␣	␣

Erläuterung:

$\Longleftarrow$	(1)	
$\Longleftarrow$	(1)	
$\Longleftarrow$	(2)	

1.2.3.11 Transponiere-Operator (monadic, dyadic transpose)

Resultat Skalar, Feld	$\leftarrow$	$\oslash$	operand_1 Skalar, Feld

Resultat Skalar, Feld	$\leftarrow$	operand_2 Skalar, Vektor	$\oslash$	operand_1 Skalar, Feld

Beim monadischen Transponieren wird das Resultat aus dem Operanden
"operand_1" durch Vertauschen der Indizes — d.h. der korrespondierenden Elemente — erhalten. Ist "operand_1" z.B. eine Matrix, dann ist das Resultat eine neue
Matrix, deren Zeilen die Spalten und deren Spalten die Zeilen der ursprünglichen
Matrix sind. Bei Feldern mit einem Rangwert größer "2" wird die Reihenfolge der
Indizes umgedreht, d.h. der 1. Index wird zum letzten Index, der 2. Index zum
vorletzten, usw.
Durch den Einsatz des dyadischen Transponiere-Operators ist es möglich, die Reihenfolge, in der die Indizes — bzw. die korrespondierenden Elemente — vertauscht
werden, *explizit* festzulegen. Dies bedeutet z.B. für eine Matrix:

$$\text{"}\oslash\text{matrix"} \equiv \text{"2 1 }\oslash\text{matrix"}.$$

Hier legt der Operand "operand_2" fest, daß im Ergebnis der 2. Index des Operanden
"operand_1" an 1. Stelle und der 2. Index an 2. Stelle stehen.

Eingabe: **Ergebnis:**   **Erläuterung:**

①
A	B	E	R
L	A	M	A
B	R	U	T

A	L	B
B	A	R
E	M	U
R	A	T

①
1	2	3	4
5	6	7	8
9	10	11	12
13	14	15	16
17	18	19	20
21	22	23	24

1	13
5	17
9	21
2	14
6	18
10	22
3	15
7	19
11	23
4	16
8	20
12	24

①
1	2	3
4	5	6

1	4
2	5
3	6

2 1 ①
1	2	3
4	5	6

1	4
2	5
3	6

1 1 ①
1	2	3
4	5	6

1   5

Der Wert "1" hat den Index "1 1", der Wert "5" den Index "2 2"

1 1 ①
1	2	3
4	5	6
7	8	9

1   5   9

Der Wert "1" hat den Index "1 1", der Wert "5" den Index "2 2", der Wert "9" den Index "3 3"

2 1 ①
1	2	3
4	5	6
7	8	9

1	4	7
2	5	8
3	6	9

1 2 ①
1	2	3
4	5	6
7	8	9

1	2	3
4	5	6
7	8	9

1.2.4 Relations-Operatoren

1.2.4.1 Operator zur Indexmengenbildung (index of)

<table>
<tr><td>Resultat
Skalar,
Feld</td><td>←</td><td>operand_2
Vektor</td><td>ι</td><td>operand_1
Skalar,
Feld</td></tr>
</table>

Mit Hilfe des Operators "ι" (Jota) zur Indexmengenbildung können wir uns die Position anzeigen lassen, an der die Elemente des Operanden "operand_1" mit den Elementen von "operand_2" übereinstimmen. Trifft dies für mehrere Elemente von "operand_2" zu, so wird der kleinste Indexwert ermittelt. Falls in "operand_1" kein Element mit "operand_2" übereinstimmt, so erhalten wir als Wert: "(ρ operand_1) + 1". Das Resultat ist abhängig vom Ursprung □IO und von der voreingestellten Rechengenauigkeit, die durch eine Zuweisung an die Systemvariable □CT verändert werden kann (siehe Anhang A.6). Zahlenwerte werden als "gleich" erkannt, wenn die absolute Differenz der Elemente von "operand_1" und "operand_2" innerhalb der Rechengenauigkeit liegt.

Eingabe: **Ergebnis:**

'ABCD' ι 'C'   3

'EXOTISCH' ι

S	E	L	E	K
T	I	O	N	S
O	P	E	R	A
T	O	R	E	N

6	1	9	1	9
4	5	3	9	6
3	9	1	9	9
4	3	9	1	9

1.2.4.2 Element-Operator (membership)

<table>
<tr><td>Resultat
Skalar,
Feld</td><td>←</td><td>operand_2
Skalar,
Feld</td><td>∈</td><td>operand_1
Skalar,
Feld</td></tr>
</table>

Mit dem Element-Operator können wir uns anzeigen lassen, welche der Elemente von "operand_2" in "operand_1" enthalten sind. Ist ein Element von "operand_2" in "operand_1" enthalten, so wird dies im Resultat durch den Wert "1" angezeigt. Im anderen Fall ist das Ergebnis "0". Bei numerischen Operanden ist das Resultat abhängig von der voreingestellten Rechengenauigkeit, die durch eine Zuweisung an die Systemvariable □CT (siehe Anhang A.6) verändert werden kann. Zahlenwerte werden als "gleich" erkannt, wenn die absolute Differenz der Elemente von "operand_1" und "operand_2" innerhalb der Rechengenauigkeit liegt.

Eingabe:	Ergebnis:	Erläuterung:
1 2 3 $\in$ 'CATCH 22'	0 0 0	
'1 2 3' $\in$ 'CATCH 22'	0 1 1 1 0	Leerzeichen werden mit verglichen
1 2 3 $\in$ 22	0 0 0	
1 2 3 $\in$ 2	0 1 0	

$\Box$CT $\leftarrow$ 1.0E$^-$10		Beide Zahlen liegen innerhalb
VAR_1 $\leftarrow$ 7.00000000000		der vorgegebenen Rechengenauig-
VAR_2 $\leftarrow$ 7.00000000001		keit
VAR_1 $\in$ VAR_2	1	

1.2.4.3   Aufwärtssortiere-Operator (grade up)

Resultat Vektor	$\leftarrow$	$\triangle\!\!\!|$	operand_1 Vektor

Im Resultat werden in Form eines Vektors die korrespondierenden Indizes der in
aufsteigender Reihenfolge sortierten Werte des Operanden "operand_1" angegeben.
Falls in "operand_1" mehrere Elemente den gleichen Wert haben, so werden die Indizes entsprechend der Reihenfolge ihres Auftretens von links nach rechts vergeben.
Das Resultat ist abhängig vom Ursprung $\Box$IO (siehe Anhang A.6).

Eingabe:	Ergebnis:
$\triangle\!\!\!|$ 5 5 5 1 3 6.5 4 6.3	4 5 7 1 2 3 8 6
VAR_1 $\leftarrow$ 400 300 200 100	
$\triangle\!\!\!|$VAR_1	4 3 2 1
VAR_1[$\triangle\!\!\!|$VAR_1]	100 200 300 400

1.2.4.4   Abwärtssortiere-Operator (grade down)

Resultat Vektor	$\leftarrow$	$\triangledown\!\!\!|$	operand_1 Vektor

Im Resultat werden in Form eines Vektors die korrespondierenden Indizes der in
absteigender Reihenfolge sortierten Wertes des Operanden "operand_1" angegeben.
Falls in "operand_1" mehrere Elemente den gleichen Wert haben, so werden die Indizes entsprechend der Reihenfolge ihres Auftretens von links nach rechts vergeben.
Das Resultat ist abhängig vom Ursprung $\Box$IO (siehe Anhang A.6).

Eingabe: Ergebnis:

ψ 5 5 5 1 3 6.5 4 6.3   6 8 1 2 3 7 5 4

VARI_1 ← 400 300 200 100
ψVAR_1   1 2 3 4
VAR_1[ψVAR_1]   400 300 200 100

1.2.5 <u>Transformations-Operatoren</u>

1.2.5.1 Entschlüssle-Operator (decode, base value)

Resultat Skalar, Feld	←	operand_2 Skalar, Feld	⊥	operand_1 Skalar, Feld

Der Entschlüssle-Operator interpretiert die Elemente des Feldes "operand_1" als Ziffern eines Zahlensystems, dessen Basiswerte durch die korrespondierenden Elemente des Feldes "operand_2" angegeben werden. Ist der Operand "operand_2" ein Vektor mit den Elementen $a_1, \dots, a_{n-2}, a_{n-1}, a_n$ und der Operand "operand_1" ebenfalls ein Vektor mit den Elementen $x_1, \dots x_{n-2}, x_{n-1}, x_n$, so werden zunächst Zwischenwerte w_i bestimmt. Es gilt: $w_n := 1, w_{n-1} := a_n, w_{n-2} := a_{n-1} \times a_n, w_{n-3} := a_{n-2} \times a_{n-1} \times a_n, w_1 := a_2 \times \dots a_{n-1} \times a_n$, usw. Anschließend wird das Produkt aus dem Vektor w und dem Vektor "operand_1" gebildet und das Ergebnis mit dem Operator "+" auf einen Skalar reduziert.
Ist der Operand "operand_2" ein Skalar, so wird er zu einem Vektor erweitert.

<u>Eingabe:</u>   <u>Ergebnis:</u>   <u>Erläuterung:</u>

8 ⊥ 2 4 6 3   1331 $((8 \times 8 \times 8)\ (8 \times 8)\ 8\ 1) + . \times (2\ 4\ 6\ 3) \equiv$
$(2 \times 8 \times 8 \times 8) + (4 \times 8 \times 8) + (6 \times 8) + (3 \times 1)$
("+.×" ist der Operator zur Bildung des inneren Produkts (siehe A.1.2.1.3))

In den folgenden Beispielen werden 3 Yards, 2 Feet, 3.25 Inches in Inches umgerechnet:

0 3 12 ⊥ 3 2 3.25   135.25 $(3 \times 12\ \ 12\ \ 1) + . \times (3\ 2\ 3.25) \equiv$
$(3 \times 3 \times 12) + (2 \times 12) + (3.25 \times 1)$

Das gleiche Ergebnis liefert auch:

9 3 12 ⊥ 3 2 3.25   135.25 $(3 \times 12\ \ 12\ \ 1) + . \times (3\ 2\ 3.25) \equiv$
$(3 \times 3 \times 12) + (2 \times 12) + (3.25 \times 1)$

Wollen wir z.B. 1 Stunde, 2 Minuten und 3 Sekunden in Sekunden umrechnen, so erreichen wir dies durch die folgende Eingabe:

24 60 60 ⊥ 1 2 3   3723 $((60 \times 60)\ \ 60\ \ 1) + . \times (1\ 2\ 3) \equiv$
$(1 \times 60 \times 60) + (2 \times 60) + (3 \times 1)$

Im folgenden Beispiel wird der Hexadezimalwert "F 1 4 A" in den entsprechenden
Dezimalwert umgerechnet:

F ←1+E ←1+D←1+C←1+B ←1+A ←10
16 ⊥ F , 1 , 4 , A

Ergebnis:

61770

Erläuterung:

$$((16 \times 16 \times 16)\quad (16 \times 16)\quad 16\quad 1) + . \times (15\ 1\ 4\ 10) \equiv$$
$$(15 \times 16 \times 16 \times 16) + (1 \times 16 \times 16) + (4 \times 16) + (10 \times 1)$$

Eingabe: Ergebnis:

1	2
3	4

0   5   2   ⊥

5	6
7	8

29	42
55	68

9	10
11	12

Erläuterung:

0 5 2⊥1 5 9	0 5 2⊥2 6 10
0 5 2⊥3 7 11	0 5 2⊥4 8 12

≡

$(1 \times 5 \times 2) + (5 \times 2) + (9 \times 1)$	$(2 \times 5 \times 2) + (6 \times 2) + (10 \times 1)$
$(3 \times 5 \times 2) + (7 \times 2) + (11 \times 1)$	$(4 \times 5 \times 2) + (8 \times 2) + (12 \times 1)$

1.2.5.2 Verschlüssle-Operator (encode, representation)

Resultat Skalar, Feld	←	operand_2 Skalar, Feld	⊤	operand_1 Skalar, Feld

Der Verschlüssle-Operator ist das Gegenstück zum Entschlüssle-Operator. Bei
der Anwendung des Entschlüssle-Operators werden die Zahlen des Operanden
"operand_1" in ein Zahlensystem konvertiert, dessen Basis durch die Elemente des
Operanden "operand_2" angegeben werden. Dabei erfolgt der Basisaufbau genau
wie beim Entschlüssle-Operator (siehe A.1.2.5.1).

Eingabe:	Ergebnis:	Erläuterung:
24 60 60 ⊤ 3723	1 2 3	Umrechnen von 3273 Sekunden in 1 Stunde, 2 Minuten, 3 Sekunden. Es gilt: $(60 \times 60 \quad 60 \quad 1) + . \times (1 \quad 2 \quad 3) \equiv$ $(1 \times 60 \times 60) + (2 \times 60) + (3 \times 1) \equiv$ 3723 Das gleiche Ergebnis liefert auch: 99 60 60 ⊤ 3723

1.2.5.3 Berechne-Operator (execute, evaluate)

Resultat Skalar, Feld	←	⍎	operand_1 Skalar, Vektor

Der Berechne-Operator faßt den Inhalt des Operanden "operand_1", der Zeichenwerte enthalten muß, als APL-Anweisung auf und führt diese Anweisung aus. Mit
dem Berechne-Operator können auch Zeichen, die Ziffern repräsentieren, in numerische Werte umgewandelt werden. Durch den Einsatz des Berechne-Operators ist
es möglich, APL-Anweisungen vor ihrer Ausführung durch die Manipulation der
Zeichen des Operanden "operand_1" — wie z.B. mit dem Indizierungs-Operator —
dynamisch zu verändern.

Eingabe:	Ergebnis:	Erläuterung:
VAR_1 ← 'VAR_2' ⍎'VAR_3 ← 10+',VAR_1,'← 3'		Weist VAR_2 den Wert 3 und VAR_3 den Wert 13 zu

Eingabe:	Ergebnis:	Erläuterung:
⍋' ⌷ '		Fordert die Eingabe einer Zeichenkette an. Der Cursor wird in die 1. Position der nächsten Zeile positioniert
⍋C ↑ 'AB'		Unter der Vorausetzung, daß "A" und "B" Prozedurnamen sind und "C" eine Variable ist, wird "A" (bzw. "B") aufgerufen, sofern "C" den Wert "1" (bzw. den Wert "⁻1") besitzt
⍋'39E1 7'	390 7	

1.2.5.4 Formatiere-Operator (format)

Resultat Feld	←	↔	operand_1 Skalar, Feld

Resultat Feld	←	operand_2 Skalar, Vektor	↔	operand_1 Skalar, Feld

Der Formatiere-Operator ist das Gegenstück zum Berechne-Operator. Beim *monadischen* Formatieren ergibt sich ein Feld mit Zeichenwerten. Enthält "operand_1" bereits Zeichen, so führt die Anwendung des Formatiere-Operators zu keiner Änderung des Operanden. Ist der Operand "operand_1" ein Zahlenwert, so werden die Zahlenwerte — getrennt durch das Leerzeichen "⊔" — dargestellt. Bei Feldern werden die Elemente entsprechend der Stellung des Dezimalpunkts ausgerichtet.

Beim *dyadischen* Formatieren geben jeweils 2 Elemente des Operanden "operand_2" an, wie die Elemente des Operanden "operand_1" bei der Ausgabe dargestellt werden. Dabei gibt das 1. Element von "operand_2" die Gesamtzahl der Stellen (incl. Dezimalpunkt ".") und das 2. Element die Anzahl der Dezimalstellen an. Falls der Operand "operand_2" nur aus einem Paar von Elementen besteht, so wird dieses Paar wiederholt auf die Elemente des Operanden "operand_1" angewandt. Ist der Wert von "operand_1" größer ist als die angegebene Stellenzahl, so wird der Wert von "operand_1" in Exponentendarstellung[15] ausgegeben.

---

[15] Siehe im Kapitel 2.

Eingabe:	Ergebnis:	Erläuterung:
⍕'AHA'	AHA	
V ← ⍕1.5	1.5	V enthält die Zeichen: "1", "." und "5"
VAR_2 ← ⍕ VAR_1 ← 4 × ⍳ 4	4 8 12 16	Es wird jeweils ein
ρVAR_2	9	Leerzeichen eingefügt

⍕

1	3.0
6.7	0.25

1	␣	␣	3	␣	␣	␣
6	.	7	0	.	2	5

8   4   ⍕

1.2	1.234
1	10.2345

␣␣1.2000	␣␣ 1.2340
␣␣1.0000	␣ 10.2345

(⍕X ⋆ 2),' IST DAS QUADRAT VON ',⍕X ← ⎕

Erläuterung:

Liefert bei Eingabe des Wertes "6" die Ausgabe von:

36 IST DAS QUADRAT VON 6

1.3   Ein-/Ausgabe-Operatoren und Abfrage-Operatoren

Zu den Ein-/Ausgabe-Operatoren und Abfrage-Operatoren zählen die folgenden
Operatoren:

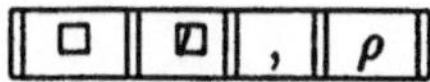

Sie haben folgende Funktion:

— Eingabe eines beliebigen Werts durch: "□ ← wert",
— Eingabe einer Zeichenkette durch: "▥← zeichen",
— Ausgabe des Werts einer Variablen durch: "□ ← variablenname",
— Ausgabe des Werts einer Variablen durch: "variablenname",
— Ausgabe des Dimensionsvektors einer Variablen durch: "ρ variablenname",
— Ausgabe des Rangwerts einer Variablen durch: "ρ ρ variablenname", und
— Ausgabe der gereihten Werte eines Vektors durch: ",vektorname".

1.3.1   Ein-/Ausgabe-Operator □ (quad)

Im Gegensatz zu den bisher beschriebenen Operatoren wird der Ein-/Ausgabe-
Operator "□" nicht auf Operanden angewandt, sondern fordert eine Bildschirm-
Ein- oder Ausgabe an. Der Operator "□" kann zwar wie eine Variable in einer
APL-Anweisung aufgeführt werden, er dient jedoch nur als Platzhalter für einen
ein- bzw. auszugebenden Wert. Dies hat zur Folge, daß wir Werte, die wir dem
Operator "□" zuweisen, nicht wieder abrufen können. Wollen wir Zeichen einge-
ben, so müssen wir diese in Hochkommata " ' " einschließen. Soll ein Hochkomma
als Zeichenwert eingegeben werden, so ist es in Form zweier aufeinanderfolgender
Hochkommata aufzuführen.

Durch die folgenden Anweisungen werden wir aufgefordert Zahlen einzugeben. Anschließend wird der Mittelwert der eingegebenen Zahlen berechnet und ausgegeben:

$$\square \ \leftarrow \ \text{MITTELWERT} \ \leftarrow \ (+/\text{WERTE}) \div \rho \ \text{WERTE} \ \leftarrow \ \square$$

Bei der Ausführung dieser Anweisung erscheint auf der nächsten Bildschirmzeile
das Symbol "□:" als Aufforderung zur Eingabe der Werte, für die wir den Mittelwert berechnen wollen. Die Eingabe der Werte beenden wir durch das Drücken
der Enter-Taste. Falls wir die Eingabe-Aufforderung durch die Eingabe eines Leerzeichens "⊔" quittieren, so wird die Eingabe-Aufforderung solange wiederholt, bis
wir eine unbedingte Sprung-Anweisung "→" eingeben. Ein eingegebenes Systemkommando wird sofort ausgeführt und wir werden anschließend erneut zur Eingabe
aufgefordert.

Durch den Einsatz des Operators "□" als Ausgabe-Operator können wir uns —
durch Zuweisungen an den Operator "□" — Zwischenwerte ausgeben lassen und
somit den Ablauf eines Programmes kontrollieren.

Grundsätzlich werden Werte, die keiner Variablen zugewiesen werden, vom APL-System automatisch dem Operator "□" zugewiesen und auf dem Bildschirm ausgegeben.

Eingabe:	Erläuterung:
VAR_1 ← 5 VAR_2 ← □ + VAR_1	VAR_2 erhält als Wert die Summe aus VAR_1 und den eingegebenen Werten. Auf dem Bildschirm erscheint in der nächsten Zeile "□:" als Eingabe-Aufforderung

1.3.2   Ein-/Ausgabe-Operator ⍞ (quote-quad)

Wollen wir eine Folge von Zeichen eingeben, so können wir bei der Verwendung des Operators "⍞ " die beiden Hochkommata weglassen. Im Unterschied zum Operator "□" wird beim Operator "⍞ " keine Eingabeaufforderung in der Form "⍞ :" ausgegeben. Wir beenden eine Eingabe durch das Drücken der Enter-Taste. Beim Einsatz des Operators "⍞ " können wir — im Unterschied zur Verwendung von "□" — unsere Eingabe nicht mit einer unbedingten Sprunganweisung "→" abbrechen, da diese Eingabe als die Eingabe des Zeichens "→" interpretiert wird. Zur Unterbrechung einer Eingabeaufforderung verwenden wir vielmehr die Tastenkombination "Ctrl" und "Break".

1.3.3   Abfrage-Operatoren

1.3.3.1   Reihungs-Operator (ravel)

Resultat Vektor	←	,	operand_1 Skalar, Feld

Der Reihungs-Operator liefert die Elemente des Operanden "operand_1" als Vektor. Der Reihungs-Operator kann auch als Selektions-Operator aufgefaßt werden, da die Elemente des Operanden "operand_1" zu einem neuen Feld — einem Vektor — geordnet werden. Bei der Reihung eines Feldes wird der "am weitesten rechts" stehende Index "am schnellsten" durchlaufen.

Eingabe: **Ergebnis:**

,   1 2 3 4 5 6 7 8

,   1 2 3 4

1.3.3.2 Strukturiere-Operator (shape)

Resultat Vektor	$\leftarrow$	ρ	operand_1 Skalar, Feld

Aus der Anwendung des Strukturiere-Operators resultiert der Dimensionsvektor des Operanden "operand_1". Das i-te Element des Dimensionsvektors gibt die Anzahl der Werte an, die der korrespondierende i-te Index des Operanden "operand_1" durchlaufen kann. Die zweimalige Anwendung des Opertors "ρ" liefert den Rangwert des Operanden "operand_1".

Eingabe: **Ergebnis:**   **Erläuterung:**

ρ 'ABCD'   4

ρ 2 5 ρ 10   2 5

ρ 5   Die Anwendung auf einen Skalar liefert einen leeren Vektor

$\rho\,\rho$ 5   0   Anwendung auf einen leeren Vektor

$\rho\,\rho$, 5   1   Anwendung auf einen einelementigen Vektor

0 0 ρ 0 0   Erzeugen einer leeren Matrix

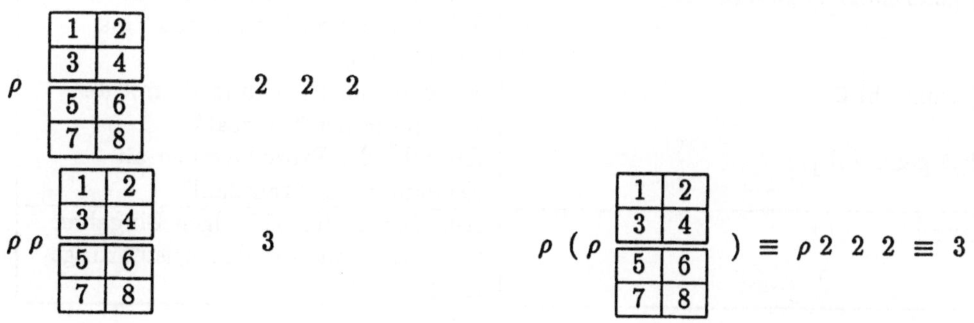

ρ [matrix]   2 2 2

$\rho\,\rho$ [matrix]   3 $\rho\ (\rho$ [matrix] $) \equiv \rho$ 2 2 2 $\equiv$ 3

A.2 Zeilenorientierte Definition und Modifikation von Prozeduren

Nach dem Umschalten vom Ausführungsmodus in den Definitionsmodus durch die Eingabe des *Umschaltzeichens* "▽" und der Eingabe eines Prozedurnamens meldet sich das APL-System mit der Ausgabe einer Zeilennummer, die durch "[" und "]" eingeschlossen wird. Falls eine Prozedur mit dem eingegebenen Prozedurnamen bereits im Arbeitsbereich definiert ist, wird zur letzten Zeilennummer dieser Prozedur der Wert "1" addiert und ausgegeben. Im anderen Fall erhalten wir den Wert "[0]" als Zeilennummer.

Editierkommando:	Leistung:
[ganzzahl]	Überschreiben der Prozedurzeile mit der Zeilennummer "ganzzahl"
[ganzzahl_1 . ganzzahl_2]	Einfügen von Prozedurzeilen zwischen den Zeilen mit den Zeilennummern "ganzzahl_1" und "ganzzahl_1"+1, beginnend mit der Nummer "[ganzzahl_1 . ganzzahl_2]"
[ganzzahl □ 0]	Ändern der Prozedurzeile mit der Zeilennummer "ganzzahl"
[△ ganzzahl]	Löschen der Prozedurzeile mit der Zeilennummer "ganzzahl"
[△ ganzzahl_1 ganzzahl_2 ganzzahl_3]	Löschen der Prozedurzeile mit der Zeilennummer "ganzzahl_1", "ganzzahl_2" und "ganzzahl_3"
[ganzzahl_1 △ ganzzahl_2]	Löschen der Prozedurzeilen mit den Zeilennummer "ganzzahl_1" bis "ganzzahl_2"
[0 □]	Ausgabe des Prozedurkopfes
[□]	Ausgabe aller Prozedurzeilen
[ganzzahl_1 □ ganzzahl_2]	Ausgabe der Prozedurzeilen mit den Zeilennummern "ganzzahl_1" bis "ganzzahl_2"
[ganzzahl □]	Ausgabe der Prozedurzeile mit der Zeilennummer "ganzzahl"
[□ ganzzahl]	Ausgabe der Prozedurzeilen ab Zeilennummer "ganzzahl"
[→]	Annullieren der bisherigen Eingaben und Umschalten in den Ausführungsmodus

Die Eingaben werden abgeschlossen durch das Drücken der Enter-Taste oder der Spezial-Enter-Taste.

Nach der Eingabe der Prozedur-Anweisungen schalten wir wieder vom Definitionsmodus in den Ausführungsmodus durch die Eingabe des Umschaltzeichens "∇" zurück.

Wollen wir uns im Ausführungsmodus sämtliche Anweisungen der Prozedur nochmals anzeigen lassen, so geben wir

$$\nabla \text{ prozedurname } [\ \square \ ] \ \nabla$$

ein.

Soll eine Prozedurvereinbarung so vorgenommen werden, daß die Prozedur nach ihrer Definition weder angezeigt noch geändert werden kann, sondern nur noch ausführbar ist, so muß anstelle des Umschaltzeichens "∇" das Zeichen "⍫" (Nabla Tilde) verwendet werden. Eine durch die Eingabe von

$$⍫ \text{ prozedurname}$$

eingeleitete Prozedurdefinition führt zur Einrichtung einer *verdeckten* Prozedur (locked function). Nach der Eingabe der Prozeduranweisungen muß durch das Umschaltzeichen "⍫" (oder durch "∇") in den Ausführungsmodus zurückgekehrt werden. Es ist ebenfalls erlaubt, die Definition einer verdeckten Prozedur durch "∇" einzuleiten. In diesem Fall muß die Definition jedoch durch " ⍫ " abgeschlossen werden.

Durch die Verwendung verdeckter Prozeduren lassen sich Programme abschirmen, so daß ihre Arbeitsweise nicht transparent gemacht werden kann.

Sind Anweisungen in verdeckten Prozeduren zu ändern, zu löschen oder zu ergänzen, so muß zunächst die gesamte Prozedur durch das Systemkommando)ERASE gelöscht werden, bevor sie in modifizierter Form erneut — unter Einsatz von "⍫" — eingegeben werden kann.

A.3 Bildschirmorientierte Definition und Modifikation von Prozeduren

Zur bildschirmorientierten Eingabe von Prozedurzeilen ist das APL-System durch das Kommando

C> APL AP124

zu starten. Anschließend kann die *Editier-Prozedur* "EDIT" aus der Transfer-Datei EDIT_____.AIO durch

)IN EDIT EDIT

geladen werden.
Danach läßt sich der Editor durch die Eingabe von

EDIT 'prozedurname'

aufrufen. Am linken Bildschirmrand werden die Zeilennummern von "[0]" bis "[23]" und am unteren Rand die in der folgenden Tabelle aufgeführten Funktionstasten und die zugehörigen Tastenbezeichnungen angezeigt. In die Zeile mit der Nummer "[0]" müssen der Prozedurname, die formalen und lokalen Parameter — jedoch ohne das Umschaltzeichen "∇" — eingegeben werden.

Falls nach der Eingabe der Prozedurzeilen das Drücken der F3-Taste keine Wirkung hat, so ist der Editor suspendiert.[1] In diesem Fall sollten die eingegebenen Prozedur-Anweisungen unter einem anderen Prozedurnamen gespeichert werden, d.h. der verabredete Prozedurname in der Zeile "[0]" ist geeignet zu ersetzen.
Kann der Editor nicht beendet werden,[2] so ist die Sprunganweisung "→" in eine Leerzeile einzugeben und durch Drücken der Funktionstaste "F7" ausführen zu lassen.

---

[1] Siehe im Kapitel 12.

[2] Diese Situation tritt z.B. dann auf, wenn eine aufgerufene Prozedur als Folge eines Fehlers nicht vollständig ausgeführt werden kann und im Anschluß an die Fehlermeldung die Prozedur mit der Editier-Prozedur modifiziert wird. Durch die Eingabe der Sprung-Anweisung "→" und Drücken der Funktionstaste "F7" wird die aufgerufene Editier-Prozedur beendet. Um die zuletzt suspendierte Prozedur zu beenden, müssen wir wiederum die Sprunganweisung "→" eingeben. Dieser Vorgang ist evtl. wiederholt durchzuführen.

Funktionstaste:	Tasten- bezeich- nung:	Leistung:
F1	TOP	Anzeige der ersten Zeilen einer Prozedur
F2	BOT	Anzeige der letzten Zeilen einer Prozedur
F3	END	Beenden des Editors und Speichern der Prozedur
F4	LIN	Löschen des Bildschirms und Anzeige der Zeile, in welcher der Cursor positioniert ist; nach dem Drücken der F4-Taste ist es möglich, in eine Zeile bis zu 160 Zeichen einzugeben
F5	INS	Einfügen einer Leerzeile hinter der Zeile, in welcher der Cursor positioniert ist
F6	COP	Kopieren einer Zeile; hierzu ist der Cursor in die Zeile zu positionieren, die kopiert werden soll; nach dem Drücken der F6-Taste ist der Cursor in diejenige Zeile zu bewegen, hinter der die ursprüngliche Zeile kopiert werden soll; das Kopieren wird durch den erneuten Druck der F6-Taste ausgeführt
F7	XEC	Führt die Anweisung der Zeile aus, in welcher der Cursor positioniert ist
F8	EOL	Positioniert den Cursor ans Ende der aktuellen Zeile
F9	DEL	Löschen der Zeile, in welcher der Cursor positioniert ist
F20 Shift + F10	CAN	Beenden des Editors, ohne daß die Prozedur-Anweisungen gespeichert werden

A.4 APL-Code

Durch den *APL-Code* ist festgelegt, wie die unter dem APL-System verarbeitbaren Zeichen innerhalb des APL-Systems kodiert sind. Nachfolgend ist die Gesamtheit der Zeichen — der sog. *APL-Zeichensatz* — tabellarisch dargestellt. Jede Tabellenzeile besteht aus 3 Einträgen. Als erster Eintrag ("Index") ist eine Nummer von "1" bis "256" angegeben.[1] Der zweite Eintrag ("⎕AV[index]") enthält die zum Index gehörenden APL-Zeichen, die im *Atomic Vector* "⎕AV" an der durch den Index gekennzeichneten Position plaziert sind. Der dritte Eintrag gibt den zum APL-Zeichensatz gehörenden Alt-Code an. Alternativ zur Eingabe über die APL-Tastatur läßt sich jedes Zeichen durch seinen *Alt-Code* über die Tastatur eingeben. Dazu ist die Alt-Taste gedrückt zu halten und der Alt-Code über die Zifferntasten — innerhalb des rechts auf der Tastatur angeordneten Ziffernblocks — einzugeben.

Index	1	2	3	4	5	6	7	8	9	10
⎕AV[Index]	NULL	←	→	↑	↓	∈	⍳	⍴	,	?
Alt-Code	000	158	171	024	025	238	236	230	044	063

Index	11	12	13	14	15	16	17	18	19	20
⎕AV[Index]	~	∘	+	−	÷	⊛	⋆	×	!	|
Alt-Code	126	234	043	045	246	015	042	245	033	124

Index	21	22	23	24	25	26	27	28	29	30
⎕AV[Index]	⌈	⌊	=	≠	>	≥	<	≤	⍋	⍒
Alt-Code	169	028	061	244	062	242	060	243	229	231

Index	31	32	33	34	35	36	37	38	39	40
⎕AV[Index]	∧	∨	⍋	⍒	⍉	⌽	⊖	⍟	⌾	⍫
Alt-Code	094	235	251	252	237	232	233	146	174	175

Index	41	42	43	44	45	46	47	48	49	50
⎕AV[Index]	⌶	⊥	⊤	⍀	⍉	/	\	∩	β	⊂
Alt-Code	159	157	152	240	241	047	092	239	225	226

Index	51	52	53	54	55	56	57	58	59	60
⎕AV[Index]	⊃	∘	α	ω	Ç	ç	;	]	[	)
Alt-Code	227	248	224	249	128	135	059	093	091	041

Index	61	62	63	64	65	66	67	68	69	70
⎕AV[Index]	(	:	A	B	C	D	E	F	G	H
Alt-Code	040	058	065	066	067	068	069	070	071	072

Index	71	72	73	74	75	76	77	78	79	80
⎕AV[Index]	I	J	K	L	M	N	O	P	Q	R
Alt-Code	073	074	075	076	077	078	079	080	081	082

---

[1] Dies setzt voraus, daß der Index-Ursprung den Wert "1" hat (siehe Systemvariable ⎕IO im Anhang unter A.6).

Index	81	82	83	84	85	86	87	88	89	90
□AV[Index]	S	T	U	V	W	X	Y	Z	△	a
Alt-Code	083	084	085	086	087	088	089	090	030	097

Index	91	92	93	94	95	96	97	98	99	100
□AV[Index]	b	c	d	e	f	g	h	i	j	k
Alt-Code	098	099	100	101	102	103	104	105	106	107

Index	101	102	103	104	105	106	107	108	109	110
□AV[Index]	l	m	n	o	p	q	r	s	t	u
Alt-Code	108	109	110	111	112	113	114	115	116	117

Index	111	112	113	114	115	116	117	118	119	120
□AV[Index]	v	w	x	y	z	≙	_	‾	0	1
Alt-Code	118	119	120	121	122	247	095	253	048	049

Index	121	122	123	124	125	126	127	128	129	130
□AV[Index]	2	3	4	5	6	7	8	9	.	CR
Alt-Code	050	051	052	053	054	055	056	057	046	013

Index	131	132	133	134	135	136	137	138	139	140
□AV[Index]	LF	BS	SP	TAB	□	▨	/	⒜	▽	▿
Alt-Code	010	008	032	009	144	145	039	228	031	250

Index	141	142	143	144	145	146	147	148	149	150
□AV[Index]	¨	ì	Ä	Å	â	ê	î	ô	ö	ò
Alt-Code	254	141	142	143	131	136	140	147	148	149

Index	151	152	153	154	155	156	157	158	159	160
□AV[Index]	û	ù	è	Ö	Ü	₤	£	à	←	å
Alt-Code	150	151	138	153	154	155	156	133	027	134

Index	161	162	163	164	165	166	167	168	169	170
□AV[Index]	á	í	ó	ú	ñ	Ñ	ª	º	¿	é
Alt-Code	160	161	162	163	164	165	166	167	168	130

Index	171	172	173	174	175	176	177	178	179	180
□AV[Index]	¬	→	∪	¡	ä	ë	DOTS ON 1/4	DOTS ON 1/2	DOTS ON 3/4	|
Alt-Code	170	026	172	173	132	137	176	177	178	179

Index	181	182	183	184	185	186	187	188	189	190
□AV[Index]	╡	╢	╖	╕	╣	║	╗	╝	╜	╛
Alt-Code	181	182	183	184	185	186	187	188	189	190

Index	191	192	193	194	195	196	197	198	199	200
□AV[Index]	╛	┐	└	┴	┬	├	─	┼	╞	╟
Alt-Code	190	191	192	193	194	195	196	197	198	199

Index	201	202	203	204	205	206	207	208	209	210
□AV[Index]	╚	╔	╩	╦	╠	═	╬	╧	╨	╤
Alt-Code	200	201	202	203	204	205	206	207	208	209

Index	211	212	213	214	215	216	217	218	219	220
□AV[Index]	╥	╙	╘	╒	╓	╫	╪	┘	┌	█
Alt-Code	210	211	212	213	214	215	216	217	218	219

Index	221	222	223	224	225	226	227	228	229	230
□AV[Index]	▄	▐	▌	▭	◻	∈	1	♥	♦	♣
Alt-Code	220	221	222	223	022	001	002	003	004	005

Index	231	232	233	234	235	236	237	238	239	240
□AV[Index]	♠	BEL	►	◄	▯	≡	♀	♪	ï	ü
Alt-Code	006	007	016	017	019	011	012	014	139	129

Index	241	242	243	244	245	246	247	248	249	250
□AV[Index]	'	@	"	#	$	%	&	¶	§	◉
Alt-Code	096	064	034	035	036	037	038	020	021	023

Index	251	252	253	254	255	256
□AV[Index]	∵	{	↔	}	⌂	
Alt-Code	018	123	029	125	127	255

A.5 Das Transfer-Format

Objekte des Arbeitsbereichs sind in einer internen Darstellung gespeichert. Zur Überführung dieser Speicherungsform in eine extern lesbare Darstellung — *Transfer-Format* genannt, — können wir die Objekte des Arbeitsbereichs — implizit — durch den Einsatz des Systemkommandos)OUT[1] oder — explizit — durch die Anwendung der Systemfunktion "□TF" umwandeln lassen.

Durch den Aufruf der Systemfunktion "□TF" in der Form

$$\text{varname} \leftarrow \text{□TF 'objektname'}$$

ist es möglich, ein Objekt des Arbeitsbereichs von der *internen* Darstellung in das Transfer-Format umzuwandeln und in dem Zeichen-Vektor "varname" zu speichern. Der aufgeführte Objektname kennzeichnet entweder einen Skalar oder ein Feld oder eine Prozedur (Funktion).

Nach der Zuweisung ist der resultierende Zeichen-Vektor "varname" wie folgt gegliedert:

Typ	Name	⊔	Rangwert	⊔	Dimensionsvektor	⊔	Objektwert

Dabei ist als Typ das Zeichen "F" für eine Prozedur (Funktion), das Zeichen "N" für ein numerisches Objekt und das Zeichen "C" für ein aus Zeichen bestehendes Objekt angegeben. Der Objektwert gibt den Inhalt des Objekts in Zeichendarstellung an. So liefern z.B. die Anweisungen

$$\text{MATRIX} \leftarrow 2\ 3\ \rho\ 1\ 2\ 3\ 4\ 5\ 6$$
$$\text{MATRIX\_T} \leftarrow \text{□TF 'MATRIX'}$$

den Zeichen-Vektor "MATRIX_T" mit folgendem Inhalt:

$$\text{NMATRIX} ⊔ 2 ⊔ 2 ⊔ 3 ⊔ 1 ⊔ 2 ⊔ 3 ⊔ 4 ⊔ 5 ⊔ 6$$

---

[1] Siehe im Anhang unter A.7.

Übertragen von Objekten in der externen Darstellung

Nach der Umwandlung von Objekten in ihr zugehöriges Transfer-Format lassen sich die resultierenden Zeichen-Vektoren durch den Einsatz der im Kapitel 10 beschriebenen Prozeduren für die Dateibearbeitung in eine DOS-Datei ausgeben. Anschließend können sie — nach evtl. vorausgegangenen Modifikationen und Anpassungen — in einer anderen APL-Umgebung (auf einer anderen Datenverarbeitungsanlage) eingesetzt werden.

Stehen Objekte im Transfer-Format in einer DOS-Datei zur Verfügung, so lassen sie sich mit dem Hilfsprozessor[2] AP210 und den Prozeduren (Funktionen) und Variablen der Transfer-Datei FILE____.AIO in den aktuellen Arbeitsbereich übertragen. Um die übertragenen Objekte vom Transfer-Format wieder in ihre interne Darstellung umzuwandeln, ist die Systemfunktion "□TF" in der Form

     □TF varname

aufzurufen. Dadurch wird ein Objekt mit dem in dem Zeichen-Vektor "varname" gespeicherten Objektwert eingerichtet. Dieses Objekt ist entsprechend der im Zeichen-Vektor "varname" enthaltenen Kennwerte — dem Objekttyp, dem Rangwert und dem Dimensionsvektor — aufgebaut. Der Name des Objekts wird ebenfalls aus dem Zeichen-Vektor "varname" übernommen.

So wird etwa — in Fortsetzung des oben angegebenen Beispiels — durch den Aufruf der Systemfunktion "□TF" in der Form

     □TF MATRIX_T

das numerische Objekt "MATRIX" im Arbeitsbereich eingerichtet:

MATRIX :

1	2	3
4	5	6

Die Anweisungen

     ρ MATRIX
     ρ ρ MATRIX

liefern den Dimensionsvektor "2 3" und den Rangwert "2".

---

[2] Siehe Kapitel 10.

A.6 Systemfunktionen und Systemvariable

Systemfunktionen

Systemfunktionen lassen sich nach der Anzahl ihrer Parameter unterscheiden in:

— niladische Systemfunktionen,
— monadische Systemfunktionen und
— dyadische Systemfunktionen.

niladische Systemfunktionen:	Funktion:
□AI	gibt die verbrauchte Rechenzeit, die Dauer der aktuellen APL-Sitzung und die Zeitdauer der Tastatureingaben an
□LC	gibt die Zeilennummern der aktivierten und suspendierten Prozeduren aus, wobei die Nummer der zuletzt bearbeiteten Zeile der zuletzt aufgerufenen Prozedur an der 1. Index-Position steht; durch die Eingabe von "→□LC" können wir die zuletzt suspendierte Prozedur mit der nächsten Zeile fortsetzen oder aber durch die Eingabe von "→ zeilennummer" ab einer bestimmten Zeile weiter ausführen lassen; bei der Eingabe von z.B. "□LC[1]+4" wird die Ausführung 4 Zeilen hinter der Zeile, in der die zuletzt aufgerufene Prozedur suspendiert wurde, fortgesetzt
□TS	gibt das aktuelle Jahr, den Monat, die Tages- und Uhrzeit an
□WA	gibt den noch zur Verfügung stehenden Speicherplatz des Arbeitsbereichs in Bytes an

monadische Systemfunktionen:		Funktion:
□CR	'prozedurname'	liefert eine Text-Matrix, deren Zeilen die Prozedur-zeilen — ohne einleitende Numerierung und ohne überflüssige Leerzeichen enthält; handelt es sich um eine sog. "locked function" (siehe Anhang A.2), so liefert "□CR" die leere Text-Matrix
□DL	skalar	bewirkt das Verzögern einer aktivierten Prozedur um die durch "skalar" in Sekunden angegebene Zeit; eine Verzögerung wird durch Drücken der Ctrl- und Break-Taste abgebrochen; "□DL" kann z.B. eingesetzt werden, wenn bei einer Druckaus-gabe die Geschwindigkeit der Zeichenübertagung für den Drucker zu hoch ist; die Eingabe von "□DL 5" liefert z.B. den Wert "6.0103" als tat-sächliche Verzögerungszeit; der Unterschied er-klärt sich aus der aktuellen Auslastung des Mikrocomputers
□EX	'text_skalarname' 'text_feldname'	löscht die angegebenen Objekte aus dem Arbeits-bereich; das Ergebnis dieser Funktion ist ein boole-scher Vektor, dessen i. Element den Wert "1" hat, falls das korrespondierende Objekt gelöscht wurde; im anderen Fall ist das Ergebnis "0"; durch die folgende Anweisung werden alle Prozeduren, deren Name mit "K" beginnt aus dem Arbeitsbereich ge-löscht: □EX 'K' □NL 3
□FX	text_matrixname	ist das Gegenstück zu "□CR"; aus den in "text_matrixname" gespeicherten Prozedur-zeilen wird die dadurch beschriebene Prozedur im Arbeitsbereich eingerichtet
□NC	'text_skalarname' 'text_feldname' 'prozedurname'	klassifiziert die angegebenen Namen durch die Ausgabe numerischer Werte, welche die folgende Bedeutung haben: 0: der Name ist im Arbeitsbereich noch nicht vergeben, 1: es ist ein Markenname, 2: es ist ein Variablenname, 3: es ist ein Prozedurname, oder 4: dieser Name darf nicht verwendet werden

dyadische Systemfunktionen:	Funktion:

text_skalar □NL skalar
text_feld
	liefert als Resultat eine Liste von Objekten, wobei "skalar" die Werte
	  1: für Markennamen,
	  2: für Variablennamen, und
	  3: für Prozedurnamen
	annehmen kann; diese Liste enthält alle Objekte, deren Name mit den durch den links stehenden Operanden spezifizierten Zeichen beginnt; wird diese Funktion monadisch aufgerufen, so hat sie das gleiche Ergebnis wie die Systemkommandos)VARS bzw.)FNS

Systemvariable

Systemvariable sind Bestandteil des Arbeitsbereichs. Sie enthalten Voreinstellungen für die Arbeitsweise des APL-Systems.

Systemvariable:	Ergebnis:
□AV	ist ein Zeichen-Vektor mit dem APL-Zeichensatz, der aus insgesamt 256 Zeichen besteht; die Zeichen sind sortiert nach dem Dezimalwert ihrer Binärdarstellung; auf einzelne Zeichen wird über den Indexwert zugegriffen; so liefert z.B. — falls der Index-Ursprung "0" ist — die Eingabe von "□AV[63]" das Zeichen "B" (siehe im Anhang unter A.4)
□CT	zeigt die Grenzen an, innerhalb der 2 numerische Werte als gleich erkannt werden
□CT ← ganzzahl	legt die Genauigkeitsschranke fest; die Voreinstellung ist $1\,E^-13$; im folgenden Beispiel werden die beiden Variablen VAR_1 und VAR_2 als gleich erkannt: □CT ←1E⁻10 VAR_1 ←7.00000000001 VAR_2 ←7.00000000002 VAR_1 ∈VAR_2 es wird der Wert "1" als Ergebnis ausgegeben; von der Genauigkeitsschranke sind die folgenden Operatoren abhängig: $<\ \leq\ >\ \geq\ =\ \neq\ \in\ \iota\ \vert\ \lceil\ \lfloor$

Systemvariable:	Ergebnis:
□IO	zeigt den aktuellen Index-Ursprung an
□IO ← 0 □IO ← 1	ändert den Index-Ursprung; der Index-Ursprung kann auf den Wert "0" oder "1" gesetzt werden; die Voreinstellung ist 1; vom Ursprung sind die Systemfunktion "□FX" und die folgenden Operatoren abhängig: ? [ ] ι ⍋ ⍒ ⍉ ⊖ ⌽ /[K] \\[K]
□LX text_vektorname	bewirkt das automatische Ausführen der in "text_vektorname" enthaltenen Anweisung beim Laden des Arbeitsbereichs
□PK	für die direkte Speicheradressierung des Arbeitsbereichs (siehe im Handbuch des APL-Systems)
□PP	zeigt die maximale Stellenanzahl zur Ausgabe numerischer Werte an
□PP ←ganzzahl	legt die maximale Stellenanzahl zur Ausgabe numerischer Werte fest; falls die Stellenanzahl für die Darstellung eines Wertes nicht ausreicht, so erfolgt die Ausgabe in Exponentendarstellung; die Stellenanzahl kann zwischen "1" und "15" liegen; der voreingestellte Wert ist 10
□PW	zeigt die Zeilenlänge bei der Ausgabe von Werten an
□PW ←ganzzahl	legt die Zeilenlänge bei der Ausgabe von Werten fest; der voreingestellte Wert ist 79
□RL	zeigt den Startwert für die Berechnung von Zufallszahlen an
□RL ←ganzzahl	legt den Startwert für die Berechnung von Zufallszahlen fest; die Zufallszahlen werden nach der multiplikativen Kongruenzmethode berechnet; der vorgegebene Startwert ist: 16 807
□SVO variablenname apnummer □SVO variablenname □SVR variablenname	siehe im Kapitel 12
□TF	siehe im Anhang unter A.5
□TC	ist ein Zeichen-Vektor mit 3 Elementen: dem Steuerzeichen für das Rückpositionieren um eine Zeichenposition, dem Steuerzeichen für das Zeilenende und dem Steuerzeichen für den Zeilenvorschub

A.7 Systemkommandos

Die Systemkommandos lassen sich entsprechend ihrer Funktion in 4 Gruppen einteilen:

— Arbeitsbereichs-Verwaltungskommandos,
— Abfrage-Kommandos,
— Bibliotheks-Verwaltungskommandos und
— Terminal-Kommandos.

Systemkommandos dürfen — im Unterschied zu Systemfunktionen — nicht in einer APL-Anweisung verwendet werden.

Zur syntaktischen Unterscheidung von APL-Anweisungen werden Systemkommandos durch das Zeichen ")" eingeleitet.

Arbeitsbereichs-Verwaltungskommandos:
)CLEAR
Löschen des gesamten aktuellen Arbeitsbereichs
)ERASE name_1 [name_2] ...
Löschen von Objekten (Variablen, Prozeduren)
)RESET
Löschen der Status-Indikator-Liste
)STACK ganzzahl
Festlegen der Größe des Stack-Bereichs (64 Bytes $\leq$ ganzzahl $\leq$ 4 096 Bytes); die voreingestellte Größe ist: 128 Bytes
)SYMBOLS ganzzahl
Festlegen der Größe der Symboltabelle (512 Bytes $\leq$ ganzzahl $\leq$ 32 766 Bytes); die voreingestellte Größe ist: 2 048 Bytes
)WSID [bibiliotheksnummer] arbeitsbereichsname
Vergabe eines Arbeitsbereichsnamens

Bibliotheks-Verwaltungskommandos:
)DROP [bibliotheksnummer] grundname
Löschen einer Arbeitsbereichsdatei
)IN [bibliotheksnummer] grundname [objekt_1] ...
Kopieren einzelner Objekte einer Transfer-Datei
)LOAD [bibliotheksnummer] arbeitsbereichsname
Laden einer Arbeitsbereichsdatei
)OUT [bibliotheksnummer] grundname [objekt_1] ...
Ausgabe von Objekten des Arbeitsbereichs in eine Transfer-Datei
)SAVE [[bibliotheksnummer] arbeitsbereichsname]
Sichern eines Arbeitsbereichs in eine Datei

Abfrage-Kommandos:
)FNS Anzeige der Prozedurnamen)LIB [bibliotheksnummer] [zeichen] [. ergänzung] Anzeige von Dateinamen, deren Grundname mit "zeichen" beginnt)SI Anzeige der suspendierten Prozeduren)SINL Anzeige der suspendierten Prozeduren und der in den Prozedurköpfen aufgeführten Variablen)STACK Anzeige der Größe des Stack-Bereichs)SYMBOLS Anzeige der Größe der Symboltabelle und des noch zur Verfügung stehenden Speicherplatzes in Bytes)VARS Anzeige der Variablennamen)WSID Anzeige des Arbeitsbereichsnamens
Terminal-Kommandos:
)OFF Beenden des APL-Dialogs

A.8 Fehlermeldungen

Bei der Ausführung von APL-Anweisungen und Systemkommandos kann es im Fehlerfall zur Ausgabe einer der folgenden Meldungen kommen:

Fehlermeldungen:	mögliche Ursache:
COMMAND ERROR	falsches Systemkommando oder das eingegebene Systemkommando kann nicht ausgeführt werden, da eine Prozedur unterbrochen wurde (es muß das Systemkommando ")RESET" eingegeben werden)
DEFN ERROR	Eingabe eines ungültigen Prozedurkopfes oder eines ungültigen Kommandos des zeilenorientierten Editors im Definitionsmodus
DOMAIN ERROR	ungültiger Operand
$\Box$systemvariable IMPLICIT ERROR	unzulässige Wertzuweisung an eine Systemvariable
INDEX ERROR	unzulässiger Indexwert beim Zugriff auf Feld-Komponenten
INTERRUPT	Unterbrechung einer Prozedurausführung, verursacht z.B. durch Drücken der Ctrl- und Break-Taste; um die Prozedurausführung fortzusetzen, ist eine Sprunganweisung wie z.B. "→" oder "→$\Box$LC" oder "→ zeilennummer" einzugeben
LENGTH ERROR	die Operanden sind nicht konform
LIB FULL	es gibt nicht mehr genügend Speicherplatz auf dem eingestellten Laufwerk
NOT FOUND	es existiert kein Arbeitsbereich mit dem angegebenen Namen
NOT SAVED	der Arbeitsbereich kann nicht gespeichert werden
... NOT ERASED	das Objekt mit dem angegebenen Namen kann nicht gelöscht werden
... NOT FOUND	der angegebene Arbeitsbereich oder die Transfer-Datei enthält kein Objekt mit dem angegebenen Namen
... NOT SAVED	der angegebene Arbeitsbereich kann nicht gesichert werden; da z.B. ein Arbeitsbereich mit dem angegebenen Namen existiert

Fehlermeldungen:	mögliche Ursache:
PROTECTED	die Diskette ist schreibgeschützt
RANK ERROR	der Rang der Operanden ist nicht konform
SI DAMAGE	die Status-Indikator-Liste ist gelöscht, verursacht z.B. durch das Editieren einer Prozedur oder das Löschen von Objekten; in diesem Fall ist das Systemkommando ")RESET" einzugeben
STACK FULL	die Anzahl verschachtelter Prozeduraufrufe ist zu groß

SYMBOL TABLE FULL	die Anzahl der Objekte des Arbeitsbereichs ist für die aktuelle Symboltabelle zu groß; in diesem Fall sind die folgenden Schritte durchzuführen:
	    )OUT transfer_dateiname
	    )CLEAR
	    )SYMBOLS ganzzahl
	    )IN transfer_dateiname

SYNTAX ERROR	syntaktischer Fehler in einer APL-Anweisung
SYSTEM LIMIT	eine der Beschränkungen des APL-Systems ist überschritten (z.B. die maximale Anzahl von Elementen eines Vektors)
TOO MANY FILES	die Anzahl der Dateien ist für die Datei-Verwaltung des Betriebssystems zu groß; deshalb ist der Parameter "FILES=" in der DOS-Datei CONFIG.SYS zu ändern
VALUE ERROR	eine verwendete Variable hat keinen Wert oder z.B. der Zahlenwert eines Skalars ist für die interne Darstellung zu groß
WORKSPACE FULL	die Größe des Arbeitsbereichs reicht nicht aus
WS TOO LONG	der Hauptspeicher ist zu klein für den angegebenen Arbeitsbereich

Literaturverzeichnis

GILOI W.K.: Programmieren in APL, de Gruyter Berlin, New York, 1977

IBM: Handbuch APL/PC Version 2, IBM Madrid Scientific Centre, 1985

GILMAN L., ROSE A. J.: APL: An Interactive Approach, Wiley J. & Sons Inc., New York, 1976

Index

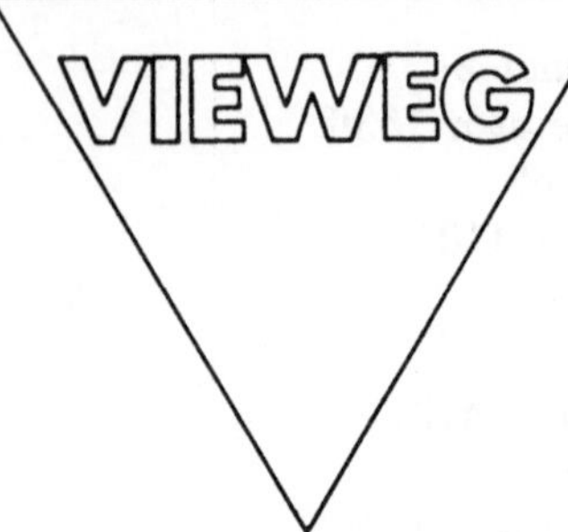

Wolf-Michael Kähler

Einführung in die Programmiersprache COBOL

Eine Anleitung zum „Strukturierten Programmieren".
4., neubearbeitete Auflage 1988. X, 351 Seiten. 16,2 x
22,9 cm. Kartoniert.

Inhalt: Einführung – Vereinbarung der Datensatz-
Struktur – Programmaufbau und Programmablauf –
Syntax und Einteilung von COBOL-Anweisungen –
Datentransport und Wertzuweisung – Einfache Ein-/
Ausgabe – Einfache Steueranweisungen – Arith-
metische Operationen – Tabellenverarbeitung –
Qualifizierung – Erweiterte Steueranweisungen –
Dateiverarbeitung – Ergänzende Programmiertech-
niken – Anhang – Lösungsteil.

COBOL ist weltweit die am häufigsten eingesetzte problemorientierte Programmiersprache. Vor allem eine sehr weitgehende Standardisierung sowie ihre leichte
Erlernbarkeit geben COBOL diese Vormachtstellung. Die Schwerpunkte der
COBOL-Programmierung liegen überwiegend im kommerziellen und administra-
tiven, weniger im mathematisch-naturwissenschaftlichen Bereich.
Dieses Buch vermittelt die Grundlagen der Programmiersprache COBOL. Die
einzelnen Sprachelemente werden anhand von Beispielen erläutert, die keine
besonderen Kenntnisse aus dem Anwendungsbereich erfordern. Im Hinblick auf die
Entwicklung und Darstellung von Problemlösungen wird der Leser mit den Grund-
gedanken des „Strukturierten Programmierens" vertraut gemacht. Er lernt u. a., wie
man sog. Struktogramme als graphische Mittel zur Beschreibung von Problemlösungen einsetzen kann.
Vorkenntnisse aus dem Bereich der Elektronischen Datenverarbeitung werden nicht
vorausgesetzt. Zur Lernkontrolle werden Übungsaufgaben gestellt, deren Lösungen
in einem gesonderten Abschnitt angegeben sind.

Die Software zum Buch:
5 1/4"-Diskette für den IBM PC und Kompatible unter PC-DOS (MS-DOS) mit
COBOL.

Zu diesem Buch kann eine Diskette bezogen werden, welche die
beschriebenen Prozeduren und die Beispieldaten enthält. Diese
Dateien sind als Transfer-Dateien (siehe Abschnitt 8.1)
organisiert und können unmittelbar mit dem APL-System "APL/PC
Version 2" der Firma IBM unter MS-DOS (ab Version 2.0) bearbeitet
werden.

Soll der Inhalt einer Transfer-Datei namens "grundname.AIO" von
der Diskette im Laufwerk "A:" in den Arbeitsbereich geladen
werden, so ist das folgende Kommando einzugeben:

)IN 1 grundname

Auf der Diskette sind die folgenden Dateien enthalten:

```
VARIABLE.AIO : Variable mit den Beispieldaten
BEWVERS1.AIO : Prozedur BEWERTUNG in der Version 1 ( S.  22 )
BEWVERS2.AIO : Prozedur BEWERTUNG in der Version 2 ( S.  27 )
BEWVERS3.AIO : Prozedur BEWERTUNG in der Version 3 ( S.  29 )
BEWVERS4.AIO : Prozedur BEWERTUNG in der Version 4 ( S.  29 )
BEWVERS5.AIO : Prozedur BEWERTUNG in der Version 5 ( S.  30 )
BEWVERS6.AIO : Prozedur BEWERTUNG in der Version 6 ( S.  77 )
BEWVERS7.AIO : Prozedur BEWERTUNG in der Version 7 ( S.  78 )
BESVERS1.AIO : Prozedur BESTAND in der Version 1 ( S.  40 )
BESVERS2.AIO : Prozedur BESTAND in der Version 2 ( S.  44 )
BESVERS3.AIO : Prozedur BESTAND in der Version 3 ( S.  47 )
LOEVERS1.AIO : Prozedur LOESCHEN in der Version 1 ( S.  54 )
LOEVERS2.AIO : Prozedur LOESCHEN in der Version 2 ( S.  55 )
LOEVERS3.AIO : Prozedur LOESCHEN in der Version 3 ( S.  57 )
ERFVERS1.AIO : Prozedur ERFASSUNG in der Version 1 ( S.  60 )
ERFVERS2.AIO : Prozedur ERFASSUNG in der Version 2 ( S.  75 )
ERFVERS3.AIO : Prozedur ERFASSUNG in der Version 3 ( S.  76 )
LESVERS0.AIO : Prozedur LESEN ( S.  91 )
MASVERS0.AIO : Prozedur MASKE ( S.  96 )
MENVERS0.AIO : Prozedur MENUEERFSSNG ( S.  98 )
SCHVERS1.AIO : Prozedur SCHREIBEN in der Version 1 ( S. 104 )
SCHVERS2.AIO : Prozedur SCHREIBEN in der Version 2 ( S. 117 )
DRUVERS1.AIO : Prozedur DRUCKEN in der Version 1 ( S. 105 )
DRUVERS2.AIO : Prozedur DRUCKEN in der Version 2 ( S. 107 )
HAUVERS1.AIO : Prozedur HAUPT in der Version 1 ( S. 126 )
HAUVERS2.AIO : Prozedur HAUPT in der Version 2 ( S. 131 )
HAUVERS3.AIO : Prozedur HAUPT in der Version 3 ( S. 137 )
```